在家赚钱

低成本低风险创业

霍文智　著

江苏凤凰文艺出版社
JIANGSU PHOENIX LITERATURE AND ART PUBLISHING

图书在版编目（CIP）数据

在家赚钱 ： 低成本低风险创业 / 霍文智著.
南京 ： 江苏凤凰文艺出版社， 2025. 3. -- ISBN 978-7
-5594-8078-1

Ⅰ. F241.4

中国国家版本馆CIP数据核字第2025VK0251号

在家赚钱：低成本低风险创业

霍文智 著

责任编辑 周颖若

特约编辑 周　贺

封面设计 呦鹿 1015838109@qq.com · 永有熊

出版发行 江苏凤凰文艺出版社

南京市中央路 165 号，邮编：210009

网　　址 http://www.jswenyi.com

印　　刷 三河市嘉科万达彩色印刷有限公司

开　　本 880mm × 1230mm 1/32

印　　张 8

字　　数 146 千字

版　　次 2025 年 3 月第 1 版

印　　次 2025 年 3 月第 1 次印刷

书　　号 ISBN 978-7-5594-8078-1

定　　价 69.80 元

前言

普通人的财富指南，让你在家轻松赚钱

你是不是有过这样的念头，想要摆脱朝九晚五、两点一线的乏味生活，摆脱地铁的拥挤、办公室的喧闹，想舒适地窝在家里的沙发里，穿着随意，喝着冰可乐，就把钱给赚了？我告诉你，这不是白日梦，而是触手可及的现实。

时代在变化，工作模式和生活观念也随之发生改变。如今的世界，是个充满无限可能性的大舞台。在家赚钱，这曾经让人觉得是天方夜谭的事，现在已经变成了许多人实现财务自由、潇洒生活的利器。

或许你会问，为什么有些人辛辛苦苦工作了一天，到手的钱却少得可怜，而有些人坐在家里，却能赚到很多钱？这背后的原因，可不仅仅是运气那么简单。关键在于，你得有眼光、有胆识、有行动。

赚钱这事，说到底，就是一场价值的较量。无论是在办公室，

还是在家里，只要你有真本事，就能给人提供实实在在的好处，钱自然就会来找你。而且，在家赚钱的好处可不止这些。你不用再忍受老板的唠叨，不需要再看同事的脸色，你可以按照自己的节奏，想怎么干就怎么干，想赚多少就赚多少。

当然，在家赚钱也不是那么轻松容易的。你得学会自律，学会管理时间，不能整天窝在床上刷抖音视频。你还得学会观察市场，抓住机遇，不能像盲人一样，看不见眼前的金山银山。因为，当你真正掌握了在家赚钱的诀窍，你会发现，你打开了认知世界新的大门。

在家赚钱，不仅是一种工作方式，更是一种生活态度，一种追求自由、挑战自我的生活方式。在这本书中，我会带你走进这个神奇的世界，告诉你如何在家赚大钱，如何实现自己的梦想。我会分享那些成功人士的故事，告诉你他们是如何一步步在家赚钱的。

这本书，就像是一盏明灯，照亮你前行的道路。无论你是刚开始尝试在家赚钱的新手，还是已经在这条路上摸爬滚打多年的老手，我都有信心让你实现自己的价值和梦想！

所以，别再犹豫了，别再等待了。拿起这本书，开启你的在家赚钱之旅吧！让我们一起，用智慧和勇气，点燃生活的激情，创造属于自己的财富传奇！

目录

第一章 在家赚钱，不是梦

人人都能在家赚钱 2

轻松应对在家赚钱的挑战 7

设定你的财富小目标 14

打造你的“家庭办公室” 21

第二章 传统网赚：低门槛、零成本

选择正规平台，能避免 90% 的坑 30

高效网络赚钱的 10 种模式 38

打造你的超级网络形象 45

建立团队思维，让更多人帮你赚钱 51

第三章 个体电商：一件代发，没有库存

零经验做电商的入门方法 60
选择商品与供应链的秘密 66
这样做客户服务，好评如潮 72
快速复盘，是个体电商成功的关键 79

第四章 自媒体运营：内容为王，变现有道

无论图文还是视频，内容是变现的核心 86
让人欲罢不能的内容创意方法 93
开启广告与商务合作，实现被动收入 101
版权保护，让你的内容创意更值钱 107

第五章 短视频赚钱：找准定位，玩着赚钱

把“刷”短视频的时间，用来赚钱 114
适合新手快速入门的五大平台 119
找准账号定位，获得流量密码 126
加速短视频赚钱的十大高效工具 133

第六章 直播带货：一台手机，在线赚钱

直播卖货，不只是喊“买它” 140
选择适合你的“直播战场”和“武器” 147
直播带货的五种模式与引流策略 153
让顾客疯狂下单的秘诀 160

第七章 AI 赚钱：抓住风口，鱼跃龙门

零技术也能通过 AI 赚钱 170
快速掌握 AI 应用的技巧 176
AI 赚钱的 10 种模式 183
各类热门 AI 工具汇总 190

第八章 超级个体：你的技能，就是金钱

你习以为常的技能，是一座金矿 196
将个人技能变为赚钱的产品 203
知识付费的五种商业模式与营销策略 209
打造你的个人品牌，让财富不断升值 215

第九章 培养财富思维与安全意识

拓展整合资源，建立业务矩阵 222
不断优化改进，持续收获财富 229
保持警惕之心，切莫贪小失大 237
关注网络安全，守护你的财富 243

在家赚钱，不是梦

第一章

人人都能在家赚钱

很多人都设想过在家就能赚钱，但又自认为没有在家赚钱的方法，所以才迟迟没有行动。

其实，在家赚钱的方法多种多样。无论是网络兼职、网络创业的小试牛刀，或者是在社交媒体上的一展拳脚，还是你专业技能的大显身手，这些方式都能帮你实现在家赚钱的梦想。

下面，就让我带你认识一下在家赚钱的五种方法。

一、直播带货

直播带货，这可是现在最火的电商新宠儿！它把直播的实时互动和购物的便捷性完美结合，让无数粉丝和消费者为之疯狂。你只需要一台智能手机、一个三脚架，还有你的宝贝商品，就能开启直播带货的大门。想象一下，你在家里布置一个有个性的小角落，通过直播平台和粉丝实时互动，展示商品的魅力，回答他们的问题，这不仅能提高他们的购买欲望，还能建立起深厚的信任关系。直播带货的自由度高得惊人，你可以根据自己的时间来安排直播时间，不受任何限制。而且，随着你的影响力越来越大，销售转化率也会水涨船高，盈利自然不在话下。

二、内容创作

内容创作，这是一个让你的创意和热情得到展示的机会。无论你是写作高手、摄影达人、绘画大师，还是视频剪辑师，只要你愿意分享你的作品，就能吸引一大波粉丝。你可以在微博、抖音、B 站等平台上发布你的原创内容，随着粉丝的增长，你的影响力也会越来越大，商业合作的机会就会接踵而至。而且，这些平台还有流量变现的政策，比如广告分成、打赏等，让你在创作的同时，也能享受到收入的喜悦。

三、电子商务

电子商务，这可是在家赚钱的老牌阵地。在淘宝、京东、拼多多等电商平台上开个小店，销售你的商品，无论是服装、电子产品，还是家居用品，只要选对了商品，优化好店铺，提供优质服务，就能吸引顾客，提升店铺信誉，销量自然节节高，收入也就跟着水涨船高。

四、自由职业

如果你有一定的技能，比如编程、设计、写作、翻译等，那么成为自由职业者非你莫属。在国内，自由职业平台多如牛毛，你可以在这些平台上找到适合自己的项目。自由职业的好处在于，时间自由，工作地点自由，你可以按照自己的节奏来安排工作。只要你能按时交出高质量的作品，报酬自然不会少。

五、网络服务

网络服务，这是一个让你的专业技能大放异彩的领域。无论你擅长英语、数学、计算机还是其他什么，你都可以提供在线辅导服务，帮助学生解决问题。或者，你可以成为远程助理，为企业处理日常事务。提供这些服务通常不需要特定的工作地点，只要有网络，你就能在家为客户提供服务。在这个领域，你的收入和你的专业技能、服务质量是直接挂钩的，所以，不断提升自己，是成功的关键。

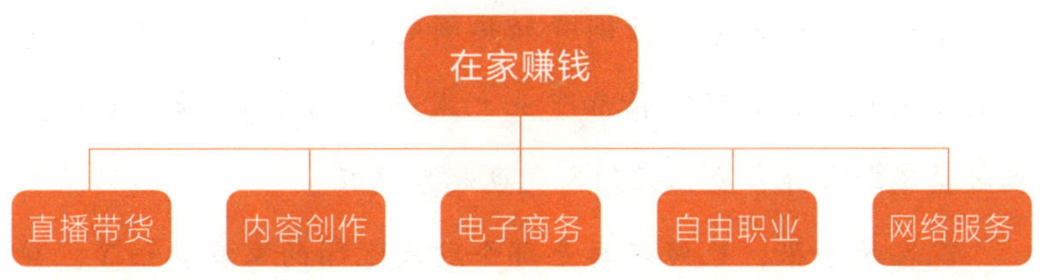

说起小张，这个如今在短视频平台上炙手可热的直播带货达人，曾经只是一个普通的家庭主妇。她每天除了照顾家人，就是围着锅台转，生活平淡无奇。

然而，小张却有一股不服输的劲头，从未放弃自己赚钱的念头。她热爱烹饪，喜欢研究各种美食，每次做出好吃的菜肴都会得到家人的称赞。这些赞美让小张有了一些自信，她开始想，如果能把自己的烹饪技巧和心得分享给更多的人，那岂不是更好？

于是，小张开始尝试在朋友圈分享自己的烹饪视频。没想到，这些视频竟然引起了朋友们的热烈反响。大家纷纷点赞、留言，表示想要学习小张的烹饪技巧。这让小张看到了商机，也看到了自己实现梦想的可能。

小张果断地注册了短视频账号，开始了自己的直播之路。刚开始的时候，她并没有多少粉丝，直播间也冷冷清清。但是小张并没有放弃，坚持每天直播，用心准备每一道菜，用真诚的态度与粉丝互动。

渐渐地，小张的直播间开始热闹起来。她的烹饪技巧得到了大家的认可，她的热情和专业也赢得了粉丝的喜爱。她的粉丝数量不断攀升，直播间的人气也越来越旺。

现在的小张，已经不再是那个默默无闻的家庭主妇了。她通过自己的努力和坚持，成功地将自己的烹饪爱好转化为了一份可观的收入来源。她不仅能够在家中照顾家人，还能够通过直播带货实现自己的财富梦想。

在家赚钱的方式多种多样，每个人都有自己的优势和特长。只要你愿意发掘并利用这些优势，就能找到适合自己的在家赚钱的方式。现在，就是你大展身手的时候，别犹豫了，赶紧行动起来，找到属于自己的赚钱方式吧！

轻松应对在家赚钱的挑战

在家赚钱听起来很美好，但实际操作起来并不简单，你可能会遇到各种挑战。但是别担心，只要你掌握了正确的方法，在家赚钱也能变得轻松愉快。

一、自律，自律，还是自律

在家工作有个最大的敌人——懒惰。没有老板的监督，没有同事的竞争，一切都得靠你的自律。那该如何自律呢？

（一）设定规律的工作时间

首先，给自己设定一个工作时间。比如，早上8点开始工作，晚上6点结束，中间休息两个小时。就像上班一样，规律的作息时间，是保持高效工作的秘诀。不要小看这个简单的步骤，它能让你的一天变得井然有序。

（二）建立工作仪式感

除了设定工作时间，你还需要建立一种工作仪式感。比如，每天早上起床后，洗漱完毕后，换掉睡衣，再开始工作。这样，你的大脑就会知道，现在是工作时间，需要进入工作状态了。

（三）避免干扰

在家工作，很容易受到各种干扰。电视、手机、家务事……这些都是影响你专注力的因素。你需要学会说“不”，在工作时间内，尽量避免这些干扰。如果可能的话，告诉家人你的工作时间，让他们在这段时间内尽量不要打扰你。

（四）自我激励

在家工作，因为没有同事，所以也就缺乏同事之间的竞争和激励。这时候，你需要学会自我激励。给自己设定一些小目标，每完成一个，就奖励自己一下。比如，完成一个项目后，可以看一集喜欢的电视剧，或者吃一块巧克力。这样的小奖励，能让你保持工作的动力。

二、时间管理，让你事半功倍

在家工作，时间管理尤为重要。学会时间管理，能让你事半功倍。怎样进行时间管理呢？

（一）列出任务清单

每天开始工作前，先列出一个任务清单。把今天需要完成的任务，按照优先级排序。这样，你就能清楚地知道，哪些任务是最重要的，哪些可以稍后处理。

（二）使用时间管理工具

时间管理工具有很多，它们可以帮助你更好地管理时间。比如，番茄工作法，就是一种简单而有效的方法。你只需设定一个 25 分钟的定时器，然后全神贯注地工作，直到定时器响起。然后休息 5 分钟，再开始下一个 25 分钟的工作周期。

（三）避免多任务处理

虽然在家工作，时间比较灵活，但并不意味着你可以同时处理多个任务。因为多任务处理，会分散你的注意力，降低工作效率，所以，还是尽量专注于一件事情，直到完成，再开始下一件。

三、健康的生活习惯，是成功的基础

在家工作，很容易忽视健康。长时间坐在电脑前，不运动，不休息，这怎么能行呢？所以，要记住，保持健康的生活习惯，是成功的基础。怎样养成健康的生活习惯呢？

（一）定期运动

每天抽出半小时，做做运动。可以是跑步、练瑜伽、做健身操，也可以是简单的拉伸运动。

（二）均衡饮食

在家工作，饮食很容易不规律。不要总是点外卖，尽量自己做饭，保证营养均衡。多吃蔬菜、水果，少吃油腻、高糖的食物。

（三）充足睡眠

充足的睡眠，对保持身体健康和提高工作效率至关重要。每天保证 7—8 小时的睡眠，让你的身体和大脑得到充分的休息。

四、积极的心态，是成功的保障

在家赚钱的路上，难免会有起起落落。所以要始终保持积极的心态，相信自己，相信未来，这样你才能在在家赚钱的路上坚持下去，直至成功。怎样才能保持积极的心态呢？

（一）正视挑战

在家工作，也会遇到挑战，遇到挑战时，不要逃避，要敢于正视它。分析问题产生的原因，找出解决办法。每一个挑战，都是成长的机遇。

（二）保持乐观

即使在困难的时候，也要保持乐观的心态。相信困难总会过去，美好的未来在等着你。乐观的心态，能让你在逆境中保持积极进取的态度，继续前进。

（三）建立支持系统

除了自己，你还需要建立一个支持系统。可以是家人、朋友，也可以是同行、导师。当遇到困难时，不要独自承受，可以向他们寻求帮助和支持。

五、家人反对，如何化解

在家赚钱，难免会遇到家人的反对。他们可能认为这种方式不稳定，或者对你的工作方式不理解。这时该怎么办呢？

（一）沟通

你需要和家人进行耐心的沟通，解释你的想法，告诉他们你为什么选择在家赚钱，这种方式有什么好处，让他们了解你的工作，理解你的选择。

（二）展示成果

俗话说事实胜于雄辩，你可以用实际成果来证明自己的选择是正确的。当你通过在家赚钱实现了一些目标，比如有了一定的收入，或者完成了一个重要的项目，让家人看到这些成果后，他们就会慢慢理解和支持你了。

（三）设定界限

在家工作，与家人的界限可能会变得模糊。为此，你需要设定一些界限，比如工作时间不做家务，不接待访客等。让家人尊重你的工作时间，给你提供一个相对安静的工作环境。

（四）共同参与

可能的话，让家人参与到你的工作中来。比如，他们可以帮你处理一些简单的事务，或者给你提一些建议。这样，他们就能更好地理解你的工作，也能增强家人之间的联系。

李明决定辞去稳定的工作，在家做一名自由职业者。这个决定让他的父母感到非常担忧。在他们看来，放弃一份有保障的工作去追求所谓的“自由”是一种不理智的行为。他们担心李明会失去稳定的收入，甚至可能影响到他未来的生活。

起初，李明也确实遇到了一些困难。由于在家工作缺乏外界的监督，他有时会因为家中的琐事分心，导致工作效率不高。此外，没有了固定的月薪，收入变得不稳定，这让他的家人更加担忧。他们开始频繁地询问他的工作状况，甚至建议他重新找一份“正经”的工作。

面对家人的疑虑，李明并没有选择放弃，而是决定通过实际行动来证明自己的选择是正确的。他开始严格地管理自己的工作时间，确保每天有足够的时间专注于工作。同时，他也开始主动与家人沟通，向他们解释自己的工作内容、职业规划以及在家工作的种种好处。李明还定期向家人展示自己的工作成果，在父母面前“炫耀”一下，比如完成了哪些项目，获得了哪些客户好评，以及收入的情况。

果然，随着时间的推移，李明的坚持和努力逐渐获得了成效。他的客户越来越多，收入也逐步稳定。更重要的是，他的工作方式给了他更多的时间陪伴家人，参与家庭生活。家人开始意识到，李明的选择并非一时冲动，而是基于他深思熟虑的决定，是正确的选择。

在家赚钱不仅仅是一种工作方式，它也是一种生活态度，一种自由、灵活、充满激情的生活方式。你可能会遇到困难，但只要你坚持不懈，也许下一个财富传奇，就是你的故事。

设定你的财富小目标

赚钱就像是攀登一座财富的山峰，而设定财富小目标，就是为你的攀登搭建的一阶阶台阶。没有目标，你可能会在赚钱的道路上迷失方向，或是原地踏步。那么，如何设定能让你持续前进的财富小目标呢？你可以按照下面的步骤进行操作。

一、明确你的财富愿景

在设定小目标之前，先花点时间想象一下你的财富愿景。这个愿景应该是你内心深处真正渴望的东西，能激发你的动力，引导你的行动。

（一）想象未来的自己

闭上眼睛，想象一下五年后的自己。你在哪里？你在做什么？你拥有什么？这个未来的自己，就是你财富愿景的一部分。想象得越具体，越生动，你的愿景就越清晰。

（二）写下你的愿景

将你的财富愿景写下来。无论是写在日记本上，还是记录在手机的备忘录里，写下来的过程本身就是一种承诺，一种对自己的承诺。

（三）让愿景指导行动

你的财富愿景应该是你设定小目标的指南。每当你设定一个新的小目标时，都要问问自己："这个目标是否符合我的财富愿景？是否能让我离愿景更近一步？"

二、先设定一个具体、可衡量的小目标

一个有效的小目标应该是具体和可衡量的。它需要回答以下几个问题：

"什么？"——这个目标是什么？具体要做什么？

"多少？"——这个目标的量化指标是什么？是赚取一定的金额，还是获得一定数量的客户？

"何时？"——这个目标的完成时间是多长？是一个月，三个月，还是一年？

"如何？"——如何实现这个目标？需要采取哪些具体的行动？

"为何？"——为什么设定这个目标？这个目标与你的财富愿景有何关联？

以“我打算在接下来的三个月内，通过提供在线咨询服务，每月赚取 5000 元”为例，这个目标就非常具体和可衡量。

“什么？”——提供在线咨询服务。

“多少？”——每月赚取 5000 元。

“何时？”——接下来的三个月。

“如何？”——通过提供在线咨询服务。

“为何？”——因为这符合我的财富愿景，可以为我带来所需的收入。

三、按时间线切割长期目标

将你的长期大目标按照时间线切割成具体的小目标，这样可以让你的财富之旅变得更加清晰和可行。怎样进行目标切割呢？

（一）设定时间框架

首先，为你的长期大目标设定一个明确的时间框架。完成时间是一年，两年，还是五年。

（二）切割为年度目标

然后，将你的长期目标分解为年度目标。比如，你的长期目标是 3 年赚到 50 万元，那么每年需要赚 166667 元。

（三）进一步细化

根据你的工作性质，将年度目标进一步切割为每月、每周，甚至每天的目标。这样，你就可以清晰地知道自己每天需要做什么，才能一步步实现你的长期目标。

（四）制定里程碑

在切割目标的过程中，设定一些里程碑。这些里程碑是你长期目标的重要节点，它们的完成可以给你带来成就感，激励你继续前进。

四、保持灵活性和适应性

在家赚钱的过程中，市场环境和个人情况可能会发生变化。因此，你需要保持工作的灵活性和适应性，定期检查和调整你的目标。

（一）定期检查

每周末，花点时间回顾一下过去一周的工作，看看是否达到了预期的目标。如果没有，分析原因，是工作量不够，还是方法不对。

（二）及时调整

如果发现某个小目标无法按计划进行，不要沮丧，及时调整策略。是增加工作量，还是改变方法？是寻找新的客户，还是提高服务质量？

（三）保持开放

保持对新机会的开放。市场在变，新的机遇也在不断地出现。保持敏感性，抓住这些机遇，可以让你更快地实现你的财富目标。

（四）适应变化

适应变化，而不是抗拒变化。将变化视为机遇，而不是威胁。这样，你就能在变化中找到新的路径，更快地实现你的财富目标。

五、庆祝每一个小成就

每当你实现一个小目标，不妨给自己一些奖励，庆祝每一个小成就。

（一）自我激励

庆祝是一种自我激励的方式。它可以让你在实现目标的过程中获得快乐，增加你的动力。

（二）设定奖励

在设定小目标时，同时设定一个奖励。这个奖励可以是物质的，如一顿美餐，一件衣服；也可以是精神的，如一个下午的休息，一次短途旅行。

（三）享受过程

享受实现目标的过程，而不仅仅是结果。实现目标的过程，本身就是一种成长和学习的过程。

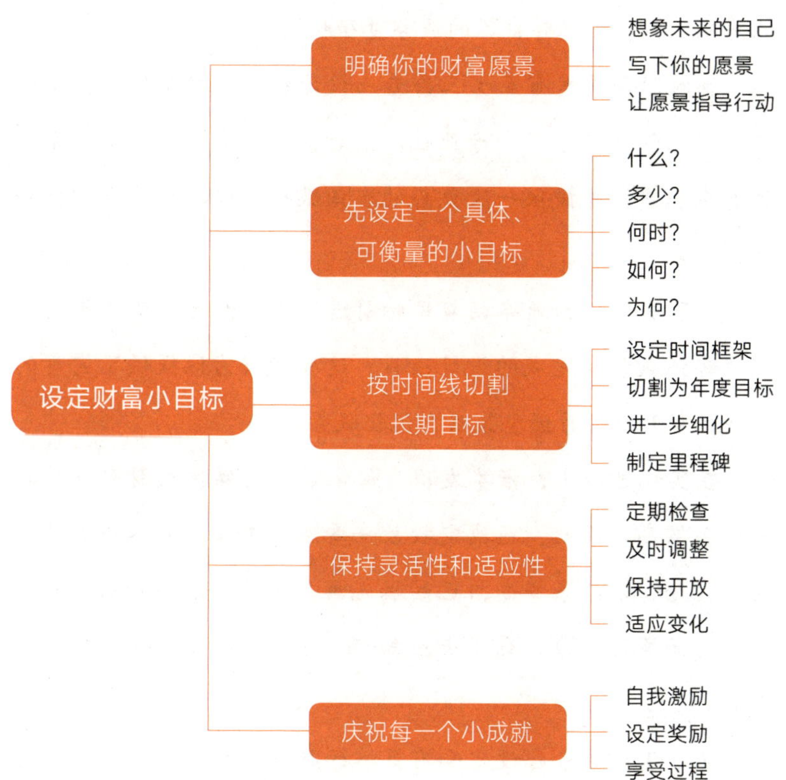

张华是一位自由设计师，他对自己的职业发展有着明确的愿景：两年内，通过在家提供设计服务，达到年薪十五万元。经过计算，他发现，要想达到年度目标，需要平均每月赚取12500元。但为了确保初期的可行性和可达成性，他首先设定了一个切实可行的小目标：在接下来的三个月内，通过社交媒体吸引10位新客户，以此为起点，每月稳定赚取5000元，在此基础上，逐步提升自己的业务量和收入。

他计划每周发布至少三条专业设计作品到社交媒体，以此展示自己的设计才华和专业性。同时，他决定每月至少联系五位潜在客户，并提供一次免费的咨询服务，以建立值得信任和专业形象。

为了确保自己始终朝着目标前进，张华开始记录每周的新客户咨询数量和完成的设计项目。这些数据为他提供了宝贵的反馈，帮助他及时调整策略，优化服务。

在实施过程中，张华发现，仅依靠社交媒体吸引客户的效率还不够高。因此，他决定投放一些在线广告，并参与设计社区的讨论，以此来提高自己的曝光率。此外，他还开始撰写关于设计的博客文章，分享专业知识，逐渐在行业内建立起权威形象。

通过明确的目标设定和有策略的行动计划，张华在三个月后成功实现了他的小目标，并且开始朝着更大的财富愿景迈进。

每一个伟大的成就都是从一个个小的目标开始的。现在，拿起笔，或是打开你的电脑、手机，设定你的财富小目标吧。

打造你的“家庭办公室”

要想在家高效工作，你得有个像样的“家庭办公室”。一个舒适、专业的工作环境，不仅能提升你的工作效率，还能让你在家工作时保持专注和动力。下面，就让我来给你支几招，帮你打造一个完美的家庭办公室。

一、找到你的办公小天地

首先，找一个适合办公的角落，可以是一个安静的客房、一个阳光充足的窗台旁，或者任何你可以放置桌子和椅子的地方。这个地方需要远离家庭活动的喧嚣，比如远离电视和厨房。如果可能，选择一个有自然光照的地方，自然光能提升你的情绪，让你工作时更加愉悦。

为了找到最佳的办公位置，你可以考虑以下几点：家中哪个区域最安静？哪个时间段你最不希望被打扰？是否需要通过重新布置家具来创造更舒适的私人空间？此外，考虑空间大小和灵活性，如果你需要存放大量文件或使用大型设备，这就需要更大的空间。如果你家的空间有限，考虑使用可折叠或可移动的家具，以便根据需要调整空间。

二、精心布局，高效工作

一旦你选定了办公区域，就该考虑布局了。工作台的摆放至关重要，最好背靠墙壁以减少干扰，面向开阔空间以保持视野。确保你的电脑屏幕处于直接视线高度，以避免长时间低头造成颈部疲劳。此外，所有工具和资料都应井井有条，易于取用，以此减少寻找物品的时间。

布局时，还要考虑电源插座的位置和数量，确保电线管理得当，避免杂乱。如果自然光不足，可以安置一些高质量的台灯，以减少眼睛的疲劳。此外，可以使用线盒或扎带来整理电线，保持桌面整洁。

三、投资舒适的办公家具

长时间在家工作，你需要一把好椅子和一张合适的桌子。一把好的办公椅可以支持你的背部，减少长时间坐姿带来的压力。座椅的深度和宽度也很重要，需要确保长时间使用舒适。此外，选择一个结实的桌子，可以支撑你的设备和文件，同时有足够的空间进行多任务处理。桌子的高度也要考虑，它应该允许你在不耸肩的情况下工作。如果可能，选择可调节高度的办公家具，以适应不同的工作需求。

四、稳定的网络连接

在这个数字化的时代，一个稳定且快速的网络连接是远程工作的基石。要确保你的家庭办公室有一个强大的 Wi-Fi 信号，或者通过以太网电缆直接连接到路由器。如果网络不稳定，就要考虑对网络套餐进行升级，或更换一个更强大的路由器。

为了确保网络连接的稳定性，可以使用网络测试工具定期检查你的家庭网络的连接速度和稳定性。此外，你需要设置一个可靠的网络安全系统，保护你的工作数据不受威胁。

五、创造安静的工作氛围

在家工作，噪音是不可避免的。孩子玩耍、邻居聊天、电视声音等都可能打断你的工作进程。为了减少干扰，你可以考虑使用隔音材料，或者在需要高度集中精力时戴上降噪耳机。

为了创造一个安静的工作氛围，可以考虑增加隔音窗帘或使用隔音板，尤其是在嘈杂的环境中更要有所防范。此外，和家人沟通你的工作时间，请求他们在特定时间内保持安静。

六、划定工作与生活的界限

在家工作很容易导致工作时间和个人时间混淆。为了避免这种情况，你需要设定清晰的界限。比如，设定固定的工作时间，并在工作时间结束后关闭电脑，离开办公区域。此外，避免在办公区域处理家庭事务，这样可以帮助你的大脑区分工作和休息。

为了更好地管理时间和界限，使用日程表或时间管理应用来规划你的一天，包括工作和休息时间。此外，在办公区域外放置一个明显的标识，比如“工作中，请稍后联系”，以提醒家人尊重你的工作时间。

七、保持办公区域的整洁

一个干净整洁的工作环境可以大大提高你的工作效率。每天工作结束后，花几分钟时间整理你的工作台，归档文件，确保第二天可以快速进入工作状态。每周进行一次彻底的大扫除，对你的办公椅、键盘和屏幕进行清洁。

为了保持办公区域的整洁，培养好的习惯，每天结束工作前做一次快速清理。还可以使用书架、抽屉或文件柜来存储文件和办公用品，以此来减少办公桌的杂乱。

八、个性化你的空间

最后，让你的家庭办公室显示你的个性。个性化的装饰可以让你的办公空间更加生动，无论是摆放一些绿植来净化空气，还是挂上一些你喜欢的艺术作品来激发灵感。这些都能让你在长时间工作后感到放松和愉悦。

为了使你的办公空间富有个性化，你可以选择能够激发自己工作动力的颜色来装饰你的办公室。添加一些个性化的配件，如个性化的鼠标垫、照片框或你最喜欢的名言海报。

李强是一位自媒体博主，专注于科技领域的内容创作。起初，他并没有意识到一个专属工作空间的重要性。他的笔记本电脑随处乱放，从客厅的沙发到卧室的床，再到厨房的餐桌，家里的每一个角落都成了他的临时办公室。

这种随意的工作环境让李强的工作和生活混为一谈，工作效率极其低下。他常常在寻找资料时耗费大量时间，灵感和创意也因为环境的杂乱而大打折扣。更糟糕的是，他发现自己越来越难以进入工作状态，甚至开始对工作产生了抵触情绪。

一次偶然的机会，李强在网上看到了一篇关于家庭办公室的文章，这让他深受启发。他意识到，一个有序的工作空间对于提高工作效率和激发创意灵感至关重要。于是，李强决定动手打造自己的家庭办公室。

他在家中一个安静的角落精心布置了一张工作台，配备了一把符合人体工程学的办公椅。他还安装了一块白板，用于记录创作灵感和工作计划。此外，李强还购置了几个实用的文件收纳盒，将资料和文档分类整理，使工作台始终保持整洁。

随着家庭办公室的逐渐成形，李强发现自己越来越享受在家工作的时光。每当他坐在办公椅上，就能迅速进入工作状态，灵感和创意如泉水般涌现。他的工作效率显著提升，内容创作也越来越得心应手。

更让李强惊喜的是，一个专属的工作空间还帮助他更好地平衡了工作和生活。现在，他可以在工作结束后轻松地切换到生活模式，享受与家人相处的时光，或者做一些自己喜欢的事情。

这样，你就拥有了一个能专注工作的空间。这个小天地是你在家赚钱的起点，也是你实现梦想的基地。所以，别小看了这一步步的打造，未来的日子里，无论你遇到什么挑战，只要回到这个小天地，坐在你精心挑选的椅子上，深呼吸，然后告诉自己：这就是我掌控命运的地方，这就是我创造财富的地方。那么，所有的挑战你都能战胜，在家赚钱的道路也能更坚定地走下去。

传统网赚：低门槛、零成本

第二章

选择正规平台，能避免 90% 的坑

传统网赚，就是指那些在网上能赚钱的工作，技术要求不高，投资也较少。对于想在家里赚钱的人来说，这可是个不错的开始。

一、常见网赚工作类型

网络平台上的工作五花八门，总有一款适合你。下面列举的，就是一些比较常见的网赚工作类型：

（一）数据录入

这个工作就像是网络版的“抄写员”，把数据、信息输入到电脑里，比如填写在线表格，使用特定软件等。

（二）内容审核

这个工作就是在网上巡逻，看看有没有人乱发东西，比如不健康的内容、广告，确保大家上网的环境清清爽爽。

（三）在线客服

这个工作就是在网上帮顾客解决问题，比如买东西不知道怎么操作，或者产品出了问题，你就得耐心地帮他们解决。

（四）网络调研

这个工作就像是做个网上的市场调查员，填填问卷，试试新产品，然后说说你的感受。

（五）社交媒体管理

这个工作就是帮别人打理社交媒体账号，发发帖子，回回评论，搞搞互动等。

（六）内容校对和编辑

这个工作需要你细心点，看看文章、报告有没有错别字，语句通不通顺，格式整不整齐。

除了这些，网上还有很多其他的赚钱门道等着你去发现。它们的共同点就是门槛低，不需要花大钱。只要有网，有台电脑或者智能手机，你就可以开始你的网赚之旅了。

传统网赚虽然容易操作，但是也存在风险和挑战。比如，有些不正规的平台可能会骗你的钱，或者让你白干一场。所以，选一个靠谱的网赚平台特别重要，这能让你少走弯路，稳稳当当地赚钱。

二、怎样选择正规的网赚平台

怎样选择正规的网赚平台呢？你需要注意以下几个方面：

（一）合法注册

正规的平台，它的公司信息都是公开透明的，比如公司名称、注册地址、联系方式，这些信息你都能在它的官网或者商业信息查询网站上找到。

（二）透明的运营机制

正规的平台，它的运营规则是清清楚楚的，比如你怎么赚钱，怎么提现，任务如何发布的，这些信息都会明明白白地告诉你。

（三）用户评价

正规的平台，它的用户评价也高。群众的眼睛是雪亮的，你可以上网搜搜这个平台的评价，或者去社交媒体上看看大家怎么说。

（四）稳定的收益

正规的平台，它给你的收益应该是稳定的，不会让你今天赚个千八百，明天就让你喝西北风。

（五）客户服务

一个好的平台，它的客服会随时待命，无论你遇到什么问题，都能第一时间给你解决。

三、避开网赚的常见陷阱

在选择网赚平台的时候，还得避开一些常见的陷阱：

（一）高收益诱惑

如果一个平台告诉你，你什么也不用干，就能赚大钱，或者收益高得离谱，那八成是个坑。

（二）虚假宣传

有些平台为了吸引你，什么话都敢说，什么牛都敢吹，这种平台你得小心。

（三）隐藏费用

有些平台看着挺正规，但等你开始赚钱了，找各种理由收费，这种平台你得小心。

（四）信息泄漏风险

保护好你的个人信息，不要随便在不安全的平台上注册，不然你的信息可能会被泄漏。

四、怎么做网赚平台的调研

在决定加入一个网赚平台之前，做好调研工作特别重要。下面是一些调研的步骤：

（一）在线搜索

用搜索引擎搜搜这个平台的相关信息，比如新闻报道、用户评价等。

（二）社交媒体

去社交媒体上搜搜这个平台的名称，看看大家都是怎么说的。

（三）行业论坛

参与一些相关的行业论坛，看看行业内人士是怎么评价这个平台的。

（四）试用体验

如果可能的话，先在这个平台上体验一段时间，了解一下它的操作流程和收益情况。

五、持续关注平台动态

选择了一个网赚平台后，并不意味着你就可以高枕无忧了。市场是瞬息万变的，平台的运营状况也会随之波动。因此，持续关注平台的动态至关重要。以下是一些具体的关注点：

（一）政策变动

留意平台是否发布了新的规则或政策，这些变动可能会影响你的工作方式或收益。

（二）收益调整

监控你的收益是否有所变化，是否与平台的变动或市场趋势相符。

（三）用户反馈

定期查看其他用户对平台的反馈，这可以给你提供宝贵的第一手信息。

（四）技术更新

如果平台进行了技术更新或系统维护，了解这些变化如何影响你的工作流程。

六、建立风险意识

对于网赚，风险管理同样重要。以下是一些建立风险意识的具体建议：

（一）分散投资

不要将所有的时间和精力都投入到一个网赚平台上。尝试多个平台或不同类型的网赚工作，以分散风险。

（二）紧急基金

设立一个紧急基金，用于应对可能出现的收入不稳定情况。

（三）技能提升

不断学习新技能，提升你的竞争力，这样即使一个平台不再适合你，你也能快速把握其他机会。

（四）合同审查

在与网赚平台合作前，仔细审查合同条款，特别是关于支付、工作量和终止合作的条件。

（五）数据备份

定期备份你的工作数据，以防平台出现问题时，你的工作数据丢失。

（六）隐私保护

在使用网赚平台时，注意个人隐私保护，避免泄漏敏感信息。

李小姐在浏览社交媒体时，被一则声称“轻松赚钱”的视频吸引。视频展示了高额收益截图，李小姐随即关注了发布者，并添加了其提供的“客服”联系方式。

在“客服”的指导下，李小姐下载了一个不知名的App，并开始了所谓的网络刷单任务。起初，她按照指示向一个账户转账了一定金额，却收到刷单失败的提示。客服解释称，需要完成联单任务才能获得更高收益，并能一并提现本金和收益。

李小姐在客服的诱导下，分两次向不同账户转账了更大额的资金。然而，不管她如何操作，App始终显示任务失败。这时，李小姐意识到可能遭遇了诈骗，立即停止操作并向警方报案。

网络刷单诈骗常常利用受害者对小额收益的期待，逐步诱导其投入更多资金。诈骗者会以各种理由要求受害者转账，直到受害者意识到受骗。特别需要提醒的是，刷单行为本身就是违法的，我们在网上遇到“轻松赚钱”的诱惑时，要保持清醒，避免上当受骗。

选择网赚平台就像是挑对象，一定要擦亮眼睛看清楚。别被那些花言巧语迷了心窍，稳扎稳打才是硬道理。正规平台就像那靠谱的伴侣，能陪你走得长远。不正规的平台，就是个坑，掉进去可就难爬出来了。赚钱不易，不要把辛辛苦苦赚的钱，全给骗子做了嫁衣。选择了正确平台，你的网赚之路才能越走越宽，越走越稳当。

高效网络赚钱的 10 种模式

网络赚钱的模式五花八门，每种模式都有其独特的赚钱逻辑和操作方式。上一节中，我们简要介绍了一些适合新手入门的网赚途径，这一节，我们来更加深入地介绍网络赚钱的 10 种模式。

一、任务型模式

任务型模式就是网上的“零工经济”，你可以根据个人时间和技能，选择适合自己的任务。比如，数据录入就是把一些信息录入电脑里，调查问卷就是填写你的看法，内容审核则是确保网上的内容健康。这种模式的好处是灵活，你可以随时开始，也可以随时结束。而且，很多任务都不需要特别的技能，只要你认真细心，就能做得不错。

二、推广型模式

推广型模式，直白解释就是“拉人头”。你通过自己的社交网络，推广某个产品或服务，一旦有人通过你的推广链接购买，你就能拿到提成。这种模式适合人脉广、社交活跃的人。比如在微信群、朋友圈里分享好东西，顺便赚点外快。你可以选择一些信誉好、佣金高的平台，比如淘宝联盟、京东联盟等，然后挑选一些热销或高佣金的商品进行推广。

三、内容创作型模式

内容创作型模式，就是靠写文章、拍视频、录音频来吸引粉丝，然后通过广告分成、粉丝打赏等方式赚钱。这种模式需要你有一定的创作才能和持续输出的能力。比如你是个旅游爱好者，可以分享旅行攻略；或者你擅长烹饪，可以教人做菜。你可以选择一些流量大、变现能力强的平台，比如微信公众号、B 站、抖音等，然后根据自己的特长和兴趣，确定内容方向和风格。

四、技术服务型模式

技术服务型模式，就是把你的专业技能，比如编程、设计、翻译等，通过网络平台提供给需要的人。这种模式适合有一技之长的人。你可以在自由职业网站上接单，比如猪八戒、码市等，或者自己开个工作室，通过口碑和社交媒体宣传自己的服务。关键是要不断提升自己的技能，做出差异化，形成自己的特色和优势。

五、虚拟助手型模式

虚拟助手型模式，就是通过远程给公司当助理，处理一些行政或日常事务。这种模式适合细心、有组织能力的人。比如帮助小企业处理邮件、安排日程、做客服等。你可以在一些虚拟助理招聘网站上找到工作机会，比如小蜜蜂、51Job 等。刚开始可能收入不高，但随着经验的积累和人脉的拓展，你的收入会逐渐增加。

六、教育咨询型模式

教育咨询型模式，就是利用你的专业知识，提供在线教育或咨询服务。这种模式适合有教育背景或行业经验的人。比如在线教英语、提供职业规划建议等。你可以在一些在线教育平台上开课，比如网易云课堂、腾讯课堂等，或者通过社交媒体、博客等渠道提供咨询服务。关键是要有自己的教学理念和方法，能够真正帮助学员解决问题。

七、交易型模式

交易型模式，就是在电商平台上开店，卖货赚钱。这种模式需要你有一定的市场敏感度和供应链管理能力。比如在淘宝、京东上卖衣服、电子产品等。你可以选择一些竞争不太激烈、利润空间大的细分市场，比如特色手工艺品、定制礼品等。同时，要做好店铺的装修和运营，提高转化率。

八、创意产品型模式

创意产品型模式，就是把你的创意变成产品，然后在网上售卖。这种模式适合有艺术细胞和设计能力的人。比如手工制作的饰品、定制的 T 恤等。你可以在一些手工艺品交易平台上开店，比如淘宝的“手艺人”专区、京东的“原创设计”等，或者通过社交媒体等渠道宣传自己的作品。关键是要有独特的设计理念，能够吸引特定的消费群体。

九、社区管理型模式

社区管理型模式，就是建立并管理一个在线社区，通过会员费、广告或赞助等方式赚钱。这种模式适合有组织活动能力和社群运营经验的人。比如建立一个摄影爱好者论坛，定期组织线上线下活动。你可以在一些社区平台或论坛软件上创建自己的社区，比如贴吧、豆瓣小组等，然后通过内容运营、活动策划等方式吸引和留住会员。

十、信息产品型模式

信息产品型模式，就是制作并销售信息产品，如电子书、在线课程、有声书等。这种模式适合善于总结和分享知识的人。比如你是个健身教练，可以制作一套健身教程，卖给想在家锻炼的人。你可以在一些数字商品销售平台上发布自己的产品，或者通过自己的网站进行销售。关键是要确保信息产品的质量和实用性，真正解决用户的痛点。

对于这些模式，你可以根据自己的情况和市场的变化，进行灵活调整和组合。关键是找到适合自己的模式，然后深耕细作，不断优化，形成自己的竞争优势。

张伟是一位热爱科技产品的自由撰稿人，他经常在个人博客和社交媒体上分享最新的科技动态和产品评测。由于他的文章深入浅出，评测客观公正，逐渐积累了一大批忠实读者和粉丝。

一次偶然的机会，张伟接触到了淘宝联盟这个平台。他发现，通过淘宝联盟，他可以将自己的影响力转化为收入。于是，他开始尝试在自己的文章和社交网络上推广一些与科技相关联的产品，比如智能手环、无线耳机等。

张伟精心挑选了一些信誉好、评价高的商品，并制作了一些精美的推广图片和文案。他在文章的结尾，以及微信朋友圈和微博中，插入了这些商品的推广链接。每当有读者或粉丝通过他的链接购买商品时，他就能获得一定比例的佣金。

为了提高推广效果，张伟还经常与粉丝互动，回答他们对产品的疑问，分享使用心得。他还会根据节日和促销活动，策划一些主题推广活动，吸引粉丝的关注。

几个月下来，张伟的推广收入已经相当可观。他发现，这种推广型模式不仅能够带来收入，还能加深与粉丝的联系，提升自己的影响力。他意识到，只要用心经营，网络推广完全可以成为一种可持续的收入来源。

网络赚钱就是利用互联网这个工具，做自己擅长的事，赚自己应得的钱。只要你肯学、肯干、肯坚持，总会有一款模式适合你，让你在家也能赚到钱。所以，我们不妨大胆尝试，找到自己的那片“蓝海”！

打造你的超级网络形象

在家赚钱，除了选对方式，还需要树立自己的网络形象。前两节我们已经从最基础的网赚开始，又深入了解到网赚的 10 种模式，无论你选择其中的哪一种，你都需要好好经营自己，才能早日走出“新手村”。因此，首先塑造一个响当当的网络形象是非常必要的，它能让你在人群中闪闪发光。那么，我们怎样在网络上打造自己的超级形象呢？

 明确你的专业定位

首先，你要对自己有清楚的认知，找到自己的特长和亮点。不管你是擅长编程、设计还是营销，都要找到自己的独特之处，并据此确定你的专业定位。比如，你是个平面设计师，就可以定位为“创意视觉设计师”，专门为品牌提供个性化的视觉设计方案。这个定位不仅要展示你的专业技能，还要能吸引目标

客户的眼球。

为了让更多人了解你的专业定位，你的社交媒体账号和在线平台上的个人简介可以统一使用这个标签。在发布内容时，也要围绕这个定位展开，展示你的专业知识和实践经验。这样，当潜在客户搜索相关关键词时，他们更容易找到你，也更容易对你产生信任感。

二、创建一致的在线身份

在网上，保持一致的在线身份很重要。你需要选一个容易记、跟你的专业定位相匹配的用户名和头像。为了保持一致性，你需要在每个平台上都用相同的用户名和头像。无论是微博、微信、抖音还是其他社交平台，都要保持一致。这样，你的粉丝和潜在客户无论在哪个平台都能一眼认出你，对你的印象也会更深刻。

三、建立专业的在线展示

一个专业的在线展示能充分展示你的实力和特色，吸引潜在客户的注意。根据你的网赚途径和专业技能，选择适合的平台来建立你的在线展示。

比如，你是个摄影师，可以在图虫、500px 等专业摄影网站上发布你的作品；如果你是个写手，可以开自己的博客或专栏，发表你的原创文章。无论选择哪种方式，都要确保展示的内容质量高、风格统一，能够充分体现你的专业水平。

四、提供高质量的服务或产品

不管你是提供服务还是卖产品，都要保证高质量。这是赢得好口碑、吸引更多客户的关键。

首先，要对你的服务或产品进行深入研究，了解市场需求和竞争对手的情况。只有充分了解市场，才能提供符合客户需求的产品或服务。

其次，要注重细节和用户体验。无论是产品设计、服务流程还是售后支持，都要力求完美。要关注客户的反馈和意见，及时进行调整和改进。

此外，在网站或社交媒体上发布客户的好评和成功案例，也是对你提供高质量的服务或产品的呈现。

五、积极互动与沟通

在网上，积极互动和沟通很重要。你需要时刻关注你的受众，及时回应他们的需求和反馈。

在社交媒体上，你可以定期发布有价值的内容，吸引粉丝的关注和互动。同时，要积极参与相关话题的讨论，与同行和粉丝交流，分享你的见解和经验。

当客户提出疑问或问题时，你要耐心解答，提供专业建议。对于客户的反馈和投诉，要认真倾听并积极改进。这种积极的互动能够增强客户对你的信任感，提升你的网络影响力。

此外，你还可以通过举办线上活动、发起话题讨论等方式，增加与受众的互动机会。这些活动能够吸引更多人参与，打造你的品牌形象，同时提升你的知名度。

六、建立信任和可靠性

信任是商业关系的基石，在网络世界中，建立信任尤为重要。你需要通过一系列行动来展示你的专业性和可靠性，以取得客户的信任。

首先，要确保你的服务或产品质量始终如一。这涉及产品本身的质量，以及售前咨询、售后服务等各个环节。只有让客户感受到你的专业和用心，他们才会对你产生信任感。

其次，要保持与客户的良好沟通。无论是解答疑问、处理投诉还是提供建议，都要保持耐心和友善的态度。通过积极的沟通，你可以更好地了解客户的需求和期望，从而提供更贴心的服务。

此外，你还可以通过分享成功案例、客户评价等方式来展示你的实力和信誉。这些真实的案例和评价能够让潜在客户更加信任你，从而更愿意选择你的服务或产品。

志辉的日常工作是为网上的店铺提供客户服务。每天，他都会坐在电脑前，通过键盘和鼠标，为远方的顾客解答疑惑，提供帮助。但他知道，要想在家赚钱，单有技能还远远不够，还需要在网上树立起自己的品牌形象。

一开始，志辉在网上的存在感并不强。他在不同的平台上使用不同的用户名和头像，这让他很难在众多客服中脱颖而出。但志辉并没有因此气馁，他决定从最基本的做起——统一自己的在线身份。

他选择了一个既亲切又好记的用户名“辉仔客服”，并为自己设计了一个友好的头像，一个微笑着的卡通形象，旁边配上了“辉仔客服”四个字。这个头像既专业又让人印象深刻。

志辉在所有工作和社交平台上都使用了这个新的用户名和

头像。他开始在社交媒体上分享自己的工作经验，解答网友关于客户服务的疑问，逐渐建立起了自己的专业形象。

随着时间的推移，“辉仔客服”的形象开始受到网友的认可。他的名字成了优质服务的代名词，许多客户开始通过他的在线身份来寻求他的帮助。这样，他的业务量逐渐增加，收入也随之提高。

打造超级网络形象，其实就像给自己穿上了一套漂亮的战衣，让你在网络世界里更有自信、更有魅力。说得简单点，明确专业定位，就是要知道自己擅长什么，想干点什么；创建一致身份，就是让别人在哪个平台都能一眼认出你；建立专业展示，就是把你的好东西都亮出来，让别人看到你的实力；提供高质量服务或产品，就是让别人觉得你这人靠谱，东西也好；积极互动与沟通，就是多跟别人交流，听听大家的意见；建立信任和可靠性，就是让别人信得过你，觉得你这人值得交往。只要按照这些方法一步步来，别嫌麻烦，也别怕困难，咱们用心去经营，网络形象这朵花儿，总会开得越来越艳丽。

建立团队思维，让更多人帮你赚钱

在家赚钱的你，可能觉得自己是孤军奋战，但团队思维能帮你打破局限，让赚钱变得更加高效。但团队思维不是要你立刻组建一个团队，而是要你学会如何通过合作和联盟，让更多人参与到帮你赚钱的过程中。

一、团队思维的力量

团队思维，简单来说，就是要有意识地寻找合作的机会。这种思维能让你利用团队里每个人的长处，共同做大做强。

（一）合作共赢的实践

比如说，你擅长策划，而你的朋友擅长执行，你们俩就可以合作接项目，这样既能发挥各自的优势，又能共同分摊风险，赚的钱也更多。

（二）资源整合与优势互补

团队里的每个人都有自己的资源和技能，把这些资源整合起来，就可以干大事了。比如，你负责找客户，队友负责做产品，大家各司其职，效率自然就提升了。

（三）团队合作的长期效益

团队合作不是一锤子买卖，而是一种长期的合作关系。只要团队稳定，就能持续赚钱，而且随着时间的推移，团队的默契和效率会越来越高。

二、建立合作伙伴关系

建立合作伙伴关系，就是找到愿意和你一起赚钱的人，大家一起合作，共同分成。

（一）识别网络资源

看看你的朋友圈、微博关注的人，或者行业内的合作伙伴，这些人可能就是你的潜在合作伙伴。

（二）建立互利关系

找到合作伙伴后，要想办法建立互利的关系。比如，你可以提供一些他们需要的东西，作为交换，他们帮你推广产品或服务。

（三）维护合作关系

合作需要长期的维护。定期跟合作伙伴沟通，了解他们的需求，解决合作中的问题，这样才能保证合作关系的长期稳定。

三、各取所需，维护平衡

在团队合作中，确保每个成员都能从合作中获得所需，是保持团队稳定和高效运转的关键。

（一）共享收益的策略

共享收益是吸引合作伙伴的好办法。你可以给他们一部分利润，或者提供一些他们需要的东西，作为合作的回报。

（二）价值交换的形式

除了钱，还有很多其他的东西可以作为交换的筹码。比如，你可以教他们一些技能，或者给他们提供一些资源，这些都是有价值的东西。

（三）合作协议的重要性

为了避免产生纠纷，一定要跟合作伙伴签订合作协议，把合作的事情说清楚，这样大家才能放心一起干大事。

四、通过团队思维扩大影响力

团队思维不仅能帮你赚钱，还能帮你扩大影响力，提升你的市场地位。

（一）扩大影响力的策略

扩大影响力，可以通过多种方式实现。比如，你可以跟一些有影响力的人合作，借助他们的影响力，让更多的人知道你。

（二）提升市场地位

通过团队合作，你可以完成一些大项目，这样就能提升你的市场地位。有了地位，客户自然就多了，自然就能获得更多收益。

（三）建立品牌认知

团队合作还能帮你建立品牌。大家都了解你，你的品牌价值就会得到提升，获益也是水到渠成的事。

五、利用平台资源

网赚平台有很多，利用这些平台，你可以找到更多的合作伙伴，获益多多。

（一）加入网赚平台

加入一些网赚平台，比如联盟营销网站、自由职业者平台，这些平台上有很多赚钱的机会。

（二）利用平台工具

平台会提供了很多工具，比如帮你生成推广链接，或者跟踪你的收益。我们用好这些工具，能让你获益更高效。

（三）参与平台活动

平台经常会举办一些活动，比如竞赛、研讨会，参加这些活动，可以认识更多的人，学到更多的知识。

六、建立被动收入流

团队思维还能帮你建立被动收入，就是那种你不用花费太多时间和精力也能赚钱的方式。

（一）创建联盟营销团队

你可以组建一个团队，让团队成员帮你推广产品，然后根据产品销量计算利润，给团队成员发放提成。

（二）选择合适的产品或服务

选择一些适合你团队推广的产品，这样推广起来更容易，效果也更好。

（三）设计激励机制

为了让团队成员更积极，可以设计一些激励机制，比如会给销售冠军额外奖励，或者达到一定业绩会核算奖金。

小陈的服装网店起步于一个简单的想法：为顾客提供款式设计独特的服装。然而，随着时间的推移，小陈意识到，要想在电商的大海中乘风破浪，单靠他一个人的力量是不够的。这时，他遇到了在数字营销领域有着丰富经验的小刘。

小陈和小刘一拍即合，决定联手打造一个电商品牌。他们共同制定了一套营销策略，小陈凭借对服装市场的深刻理解，负责服装的选品和供应链管理，确保每一件服装都能满足顾客的期待。而小刘则利用他在社交媒体上的专业知识，吸引潜在买家，提高品牌知名度。

为了确保合作的公平性和稳定性，他们详细讨论了各自的收益分配，并签订了合作协议。这份协议规定了双方的权利和义务，并且为他们的合作奠定了坚实的法律基础。随着业务的不断扩展，小陈和小刘很快意识到，他们需要更多的专业人才加入团队。他们邀请了一位专业的摄影师加入，他用镜头捕捉服装的每一个细节，提升了产品图片的质量，使产品在线展示更加吸引人。同时，他们还与一位资深的客服经理合作，她凭借丰富的经验，提高了客户服务的水平，增强了客户的满意度和忠诚度。

通过团队的共同努力，小陈的服装店很快在电商平台上获得了良好的口碑。他们不仅在国内市场取得了成功，还逐步拓展了国际市场。

想象一下，当你在家敲击键盘的时候，你的团队成员正在不同的地方，为了共同的目标而努力，这就是团队合作。这种合作带来的不仅仅是收入的增加，更是一种成就感和归属感。你不再是孤军奋战，而是有了一群可以信赖的伙伴。

当然，团队思维不是一句空话，而是一条实实在在的致富之路。只要你愿意打开心扉，接纳团队的力量，就能在这条路上走得更远、更稳。

别忘了，团队思维的精髓在于“合作共赢”。在这条路上，每个人都是赢家，每个人都能分享到成功的喜悦。

个体电商：一件代发，没有库存

第三章

零经验做电商的入门方法

电商，全称电子商务，是指通过互联网进行的各种商业活动，包括但不限于网上购物、在线服务、电子支付等。对于个体电商来说，主要关注的是网上购物，也就是通过互联网销售商品。

电商现在已经成了许多人创业的首选。尤其是一件代发模式，因为零库存、零成本，更是受到不少新手的青睐。但是，对于没有任何经验的新手来说，或许还不知从何下手。别担心，下面就让我带你一步步走进电商的世界，从零开始，教你如何轻松上手。

一、认识一件代发模式

一件代发，就是供应商为电商卖家提供商品，卖家在销售平台上展示商品，当有买家下单时，卖家只需将订单信息提交给供应商，由供应商直接发货给买家。这种模式最大的优点在于，卖家无须囤货，无须承担库存风险，只需专注于销售和推广。

二、选择适合自己的电商平台

选择一个合适的平台，是成功的第一步。淘宝、京东、拼多多，这些都是国内比较知名的电商平台，各有各的特点和优势。

淘宝是国内最大的电商平台，流量大、商品种类多，但竞争也激烈。京东则以3C数码、家电等标准化程度高的商品为主，对商品质量的要求比较高。拼多多则以价格优势著称，用户群体庞大，但商品价格普遍偏低。

对于我们做代销的新手来说，选择平台时，要考虑到自己的实际情况。如果你的商品种类比较多，可以选择淘宝；如果你的商品质量比较高，可以选择京东；如果你的商品价格有优势，可以选择拼多多。

三、注册账号，开启店铺

选好平台后，接下来就是注册账号，开启自己的店铺了。注册过程一般包括填写个人信息、提交身份证明、设置店铺名称等。

（一）设置店铺名称

选择一个简洁明了、易于记忆的店名，并设计一款具有辨识度的店标。这有助于提升店铺的品牌形象，增加顾客的信任感。

（二）完善店铺信息

完善店铺信息包括店铺简介、联系方式、售后服务等，让顾客能够全面了解你的店铺，增加购买的信心。

（三）美化店铺页面

美观、整洁的店铺页面能够吸引顾客的眼球，提升购物体验。可以选择一些专业的店铺装修模板，或者请设计师进行定制设计。店铺装修包括店铺的首页、商品列表页、商品详情页等。装修时要考虑到顾客的浏览习惯，把最重要的信息放在最显眼的位置。商品列表页要简洁明了，让顾客一眼就能找到自己想要的商品。

四、学习平台的基本规则

每个电商平台都有自己的规则和要求，包括商品发布规则、交易规则、售后服务规则等。这些规则是平台的底线，违反了，轻则商品下架，重则店铺被封。

作为新手，你一定要花时间去了解和学习这些规则。可以在平台的官方帮助中心查看，也可以在网上搜索相关的教程和文章。遇到不懂的地方，不要怕，可以问平台的客服，或者在论坛上请教有经验的卖家。

五、学习基本的店铺运营知识

店铺开起来了，接下来就是运营。运营是一个系统工程，包括商品管理、订单管理、客户管理、营销推广等。

（一）商品管理

商品管理是运营的基础，它涉及商品的全面管理，主要包括定期更新商品信息，确保商品信息的准确性和时效性。同时，我们还需要优化商品的标题和描述，使其更具吸引力，更能吸引潜在顾客的注意。此外，根据市场变化和顾客需求，调整商品的价格和库存也是商品管理的重要一环。

（二）订单管理

订单管理则是运营过程中的核心环节，涉及对顾客订单的全程跟踪和处理，包括订单的下单、发货、退款等流程，所以需要确保每一个订单都能准确无误，为顾客提供优质的服务体验。同时，订单管理也需要我们关注订单量、订单趋势等数据，以便及时调整运营策略。

（三）客户管理

客户管理则是运营中不可或缺的一部分。客户的满意度和忠诚度直接关系到店铺的长期发展。因此，我们需要积极维护好与顾客的关系，通过优质的商品和服务，提高顾客的满意度。同时，还可以通过客户管理，建立顾客档案，了解顾客的购买习惯和喜好，以便为他们提供更个性化的服务。此外，定期与顾客进行沟通，收集他们的反馈和建议，也是客户管理的重要一环。

（四）营销推广

营销推广则是运营中用来吸引顾客、提升销量的重要手段。你可以利用平台的营销工具进行各种促销活动，如打折、满减、发放优惠券等，以刺激顾客的购买欲望。同时，你还可以借助社交媒体的力量，进行内容营销，通过发布有趣、有用的内容，吸引更多的粉丝和流量。

罗楠曾经怀揣着创业的梦想，自己进货开了一家小店。他每天起早贪黑，进货、陈列、销售，忙得不可开交。然而，尽管他付出了很多努力，小店的生意却始终不见起色。

罗楠开始反思自己的经营模式。他发现自己不仅要承担进货的成本，还要面对库存积压的风险。而且，由于销售经验有限，很多时候无法准确判断市场需求，导致进货的商品并不受顾客欢迎。

正当罗楠感到迷茫和无助的时候，他偶然了解到了一件代发的电商模式。这种模式不需要自己进货，只需要在电商平台上选择代销商品，当有顾客下单时，再由供应商直接发货给顾客。罗楠觉得这种模式省去了进货和库存的烦恼，降低了经营风险。

罗楠决定放手一试，他开始在网上寻找可靠的供应商，并学习如何运营一家网店。他仔细研究市场需求，选择了一些热门且质量有保证的产品进行代销。起初，由于他的店铺知名度不高，销量并不理想，但他并没有气馁，他坚信只要努力，一定能够取得成功。

于是，罗楠开始更加努力地推广自己的店铺。他利用社交媒体平台宣传自己的产品，积极与潜在客户进行互动，回答他们的问题，解决他们的疑虑。同时，他还不断优化店铺的页面设计，提高用户体验感。

渐渐地，罗楠的网店开始有了起色。他的商品受到了越来越多人的关注和喜爱，订单量也逐渐增加。虽然每天仍然忙碌，但他感到这种忙碌是有意义的，因为他看到了自己的努力正在转化为实实在在的回报。

通过这一系列的操作，你已经掌握了电商一件代发模式的基本步骤，准备好迈出你的第一步吧。细节决定成败，在完成这些步骤的过程中，只要你多学、多做、多思考，成功就会水到渠成。

选择商品与供应链的秘密

虽然一件代发模式为电商新手打开了一扇方便之门，让你在没有库存压力的情况下，也能轻松开店赚钱，但在选择商品和供应链这一步上，你却有可能遇到弯路。别担心，接下来，我就为大家详细讲一讲如何选择商品和供应链。

一、如何选择商品

选择商品，当然要选择既能吸引顾客又能让你赚钱的商品。那么，如何找到这样的商品呢？

（一）深入市场调研

首先，你要对市场进行深入的调研。可以通过搜索引擎、电商平台等途径，了解哪些商品目前热销，哪些商品评价较高，哪些商品具有潜力。同时，也要关注消费者的需求和喜好，看看他们都在买什么，喜欢什么样的商品。

（二）竞品分析

在选择商品的过程中，竞品分析是非常重要的一步。你需要了解同类商品中，哪些品牌或店铺卖得好，他们的价格、质量、服务等方面有何优势。通过竞品分析，你可以找到自己商品的竞争优势，从而在市场中脱颖而出。

（三）确保利润空间

当然，在选择商品时，你还需要考虑利润。毕竟，赚钱才是我们的目的。你需要计算商品的进货成本、运费、平台费用等，确保商品有足够的利润空间。

（四）选择有特色的商品

在众多的商品中，有特色的商品往往更容易吸引顾客的注意。因此，你可以尝试选择一些独特、有创意的商品，如手工艺品、创意家居用品等。这样的商品往往能够引起顾客的兴趣，提高购买率。

（五）关注季节性和趋势性

在选择商品时，你还需要关注季节性和趋势性。比如，夏天可以选择卖一些防晒用品、清凉饮品等；冬天则可以选择卖一些保暖用品、冬季特色食品等。同时，还要关注市场的最新趋势，比如流行元素、热门话题等，以便及时调整商品结构，抓住市场机遇。

二、一件代发平台的类型

一件代发平台种类繁多，各有特色。了解这些平台的类型，有助于你更好地选择适合自己的平台。

（一）综合性平台

综合性平台提供多种商品的代发服务，涵盖了服装、鞋帽、家居用品等多个品类。这类平台通常拥有庞大的供应商网络和成熟的物流体系，能够为你提供丰富的商品选择和稳定的供应链支持。例如，阿里巴巴、拼多多背后的拼货源等平台，都是综合性平台的代表。

（二）垂直领域平台

垂直领域平台则专注于某一特定类型的商品，如电子产品、化妆品或手工艺品等。这些平台在特定领域有更深入的供应链管理和商品选择，能够为你提供更加专业化和精准的服务。如果你对某一领域有深入的了解和兴趣，那么选择垂直领域平台可能更适合你。

（三）跨境代发平台

随着跨境电商的兴起，跨境代发平台也逐渐崭露头角。这类平台能够帮助你将商品卖到海外市场，实现国际化经营。如果你对海外市场有兴趣，或者想要拓展销售渠道，那么跨境代发平台可能是一个不错的选择。

（四）定制化服务平台

定制化服务平台则允许你根据自己的需求定制商品，如定制印刷T恤、个性化礼品等。这类平台能够满足你对个性化商品的需求，帮助你打造独特的品牌形象。如果你注重品牌建设和个性化营销，那么定制化服务平台可能更适合你。

三、如何选择一件代发平台

在选择一件代发平台时，你需要综合考虑以下几个因素：

（一）平台信誉和口碑

选择信誉良好、口碑优秀的平台能够降低合作风险，提高经营稳定性。你可以通过查看平台的用户评价、行业排名等方式来评估平台的信誉和口碑。

（二）商品种类和质量

平台的商品种类和质量直接影响到你的销售业绩和顾客满意度。因此，你需要选择商品种类、质量要求符合你的标准的平台进行合作。

（三）价格和利润空间

价格和利润空间是你选择平台时需要重点考虑的因素。你需要对比不同平台的供货价格和建议零售价，确保有足够的利润空间。同时，也要注意避免陷入低价竞争，保持合理的利润空间。

（四）物流服务

物流服务的好坏直接影响到顾客的购物体验。因此，你需要选择具有高效物流服务能力的平台进行合作，确保商品能够及时送达顾客手中。

（五）售后服务

售后服务是保障顾客权益的重要环节。你需要选择具有完善售后服务体系的平台进行合作，以便在出现问题时能够及时解决并维护顾客关系。

（六）技术支持

技术支持能够帮助你提高运营效率和管理水平。因此，在选择平台时，你可以关注平台是否提供商品数据的 API 接口、店铺管理工具等技术支持服务。

（七）合作条款

最后，你需要仔细阅读平台的合作条款，特别是关于费用、结算周期、合作终止条件等方面的规定。确保自己能够充分了解并接受这些条款，避免未来出现纠纷或不必要的麻烦。

小李是一位电商新手，他听说一件代发模式风险小，便兴冲冲地注册了店铺，开始了自己的电商之旅。起初，他凭借直觉选择了一些流行服饰作为代销商品，心想既然大家都在买，肯定好卖。

然而，事情并没有想象中那么顺利。由于缺乏市场调研，小李的商品很快就淹没在了众多竞品的海洋中。他的商品没有特色，价格也没有优势，店铺访问量寥寥无几。

经历了初期的挫败后，小李开始反思。他意识到，盲目跟风并不是明智之举。于是，他开始深入研究市场，发现了一个小众但需求稳定的商品——定制化宠物用品。这类商品虽然市场规模不大，但竞争者少，利润空间高。

小李决定调整策略，他选择了一家提供定制化服务的供应商合作，开始销售个性化宠物服装和配饰。他通过社交媒体和宠物论坛进行精准营销，很快吸引了一批忠实客户。这些客户不仅复购率高，还通过口碑推荐带来了新客户。

选择商品，不仅仅是挑选一个销售的对象，更是在选择你的市场定位和客户群体。它要求你具备敏锐的市场嗅觉，洞察消费者的需求，预测市场趋势。而供应链的选择，则是你电商事业的坚实后盾，一个稳定可靠的供应链，能够为你的电商之路提供强大的支持。

电商之路，充满未知和可能性，每一件商品的选择，每一次供应链的优化，都是向成功迈进的一步。

这样做客户服务，好评如潮

做电商，客户服务不是选择题，而是必答题。它关乎你的店铺能否在激烈的市场竞争中站稳脚跟。下面，我带你深入了解如何为客户提供卓越的服务，让你的店铺好评如潮。

 一、客户服务的重要性

客户服务是电商成功的核心。它不仅关乎顾客的满意度，而且是品牌声誉的体现。优质的客户服务能够建立顾客信任，促进口碑传播，从而吸引更多的潜在顾客。

（一）建立品牌忠诚度

通过提供卓越的客户服务，能够建立起顾客对你品牌的忠诚度。顾客满意了，他们就会成为你的回头客，甚至自发地向亲朋好友推荐你的店铺。

（二）提升品牌形象

良好的客户服务能够提升你的品牌形象。在顾客心目中，一个能够提供优质服务的店铺，其商品也一定是值得信赖的。

二、快速响应是关键

顾客的耐心是有限的，快速响应顾客的询问，能够提升顾客的体验感，同时展现了你的专业性和对顾客的重视。快速响应，设置自动回复和保持在线很关键。

（一）设置自动回复

利用平台的自动回复功能，告知顾客你的在线时间，以及如何快速联系到你。例如，你可以设置这样的自动回复："感谢您的咨询，我会在每天的上午 9 点到晚上 9 点在线。如果您有紧急问题，可以通过电话联系我。"

（二）保持在线

在开店初期，尽可能保持在线状态，及时与客户沟通，这样能够大大提高成交率。如果可能，尽量在顾客活跃的时间段在线。

三、专业的回答赢得信任

专业的答复能够展现你的行业知识，增强顾客对你的信任。

（一）熟悉商品

深入了解你的商品，包括其特性、优势以及可能的不足，以便在顾客询问时提供准确的信息。例如，如果顾客问到某款服装的材质，你应该能够详细说明其面料的特点和保养方法。

（二）提供专业建议

根据顾客的需求，提供专业性的购买建议，帮助他们做出最佳选择。例如，如果顾客不确定衣服的尺码，你可以询问他们的身高体重，然后根据经验给出建议。

四、耐心和礼貌是基本

无论面对何种情况，始终保持耐心和礼貌，这体现了你的专业素养和对顾客的尊重。

（一）耐心倾听

认真倾听顾客的需求和问题，不要急于打断或急于推销。例如，当顾客在描述他们的问题时，你可以回复："我明白了，您遇到的问题是……，对吗？"

（二）礼貌回复

在回复顾客时，使用礼貌的语言，即使在面对投诉时也要保持冷静和专业。例如，对于顾客的投诉，你可以这样回复："非常抱歉给您带来了不便，我们会尽快为您处理这个问题。"

五、售后服务要做好

售后服务是顾客满意度的重要指标，也是区分你与竞争对手的关键。

（一）提供退换货服务

明确退换货政策，简化退换货流程，让顾客感受到无忧购物的便利。例如，你可以在店铺显眼位置标明："我们提供7天无理由退换货服务，如果您对商品有任何不满意，请联系我们的客服。"

（二）及时处理投诉

对于顾客的投诉，要迅速做出响应并提出解决方案，避免问题扩大。例如，如果顾客反映收到的商品有瑕疵，你应该立即回复："非常抱歉给您带来了不便，我们将为您更换商品，并承担所有退换货费用。"

六、个性化服务加分

个性化服务能够让顾客感受到你的重视和专业，从而提升顾客的忠诚度。

（一）记住顾客

记录顾客的购买历史和偏好，为他们提供个性化的购物体验。例如，对于经常购买儿童服装的顾客，你可以在新品上市时主动通知他们。

（二）提供个性化推荐

根据顾客的购买历史和偏好，推荐适合他们的商品。例如，如果顾客之前购买过运动装备，你可以推荐相关的运动服饰或配件。

七、建立顾客关系

建立稳固的顾客关系，能够提升顾客忠诚度和品牌形象。

（一）定期回访

通过电子邮件或社交媒体定期与顾客保持联系，询问他们的购物体验和建议。例如，你可以发送这样的邮件："亲爱的顾客，感谢您在 ×× 店铺购物。我们非常重视您的反馈，请问您对我们的商品和服务有什么建议吗？"

（二）提供会员服务

为顾客提供会员服务，如会员折扣、会员专属活动等，增加顾客黏性。例如，你可以设置一个会员计划，为会员提供生日优惠、专属客服等特权。

八、利用好评价系统

电商平台的评价系统是顾客决策的重要参考，也是你提升服务质量的宝贵资源。

（一）鼓励好评

在顾客有良好的购物体验后，可以礼貌地请求他们为你的服务留下好评。例如，你可以在发货后发送一条信息：“您购买的宝贝已发货。如果您对我们的商品和服务感到满意，请在平台上为我们留下好评，这对我们非常重要。”

（二）认真对待差评

对于差评，要认真分析原因，及时与顾客沟通，寻求改进的方法。例如，如果顾客在评价中提到发货慢，你应该回复：“我们对给您带来的不便深感歉意，我们正在采取措施改进我们的物流服务，感谢您的反馈。”

小张的服装网店遭到了投诉，一位顾客在收到连衣裙后发现，衣服的缝线处有明显的脱线，影响了整体的美观。

小张得知情况后，迅速与顾客取得联系。她用诚恳的语言表达了歉意，并承诺会立即解决这个问题。小张详细询问了顾客的购物体验和具体问题，确保完全理解了顾客的不满。

确认情况后，小张立即提供了几种解决方案供顾客选择：

全额退款、换货或提供折扣券以补偿瑕疵。她同时承诺会加强质量控制，防止类似问题再次发生。

顾客选择了换货。为了表达诚意，小张除了为顾客换货，还额外赠送了一份小礼物，感谢顾客的理解和反馈。她保持与顾客的沟通，直到顾客收到新的商品确认没有瑕疵。

顾客对小张的快速反应和专业服务感到满意，在店铺的评价区更新了自己的反馈，称赞小张的店铺“值得信赖，服务周到”。小张的积极处理不仅挽回了一位顾客的信任，还通过这次经历提升了店铺的整体服务水平。

客户服务是那招来顾客的“金字招牌”。想要店铺红火，就得把每位顾客都当成家人，真心实意地为他们着想。别只把客户服务当口号喊，我们需要的是用实际行动来践行承诺。只要你用心去做，让顾客感受到你的真诚与热情，生意自然就能红火起来。

快速复盘，是个体电商成功的关键

复盘，通俗来讲就是“回头看”，对于电商来说就是经常回头看看自己的店铺经营得怎么样。电商人每天都要面对市场的变化、客户的反馈、数据的处理。如果不及时复盘，很容易就会错过一些重要的信息，导致生意走下坡路。

一、复盘的重要性

复盘特别关键，因为它能帮我们找到问题，总结经验教训，指导我们以后更好地运营电商。

（一）复盘能帮我们找到问题的根源

在经营中，总会遇到一些问题，比如生意变差、客户投诉多等。通过复盘，我们就能深入了解这些问题的原因，是产品质量不高，还是推广力度不够，抑或是服务不好。这样，我们才能有针对性地去改进和解决问题，让生意好起来。

（二）复盘是总结经验的过程

当然，我们肯定也会有一些成功的例子。通过复盘，我们就能把这些成功的经验提炼出来，形成一套行之有效的经营方法。这样，以后无论经营什么商品，我们都能更有信心地运用这些方法，让销售额更上一层楼。

二、如何复盘

那么，怎样进行复盘呢？说来其实并不难，可以按照下面的步骤进行。

（一）确定一个合理的复盘周期

我们需要根据自己的实际情况，设定一个合理的复盘周期。这个周期不能太长，也不能太短。太长的话，可能很多事情都忘了，或者市场已经发生了很大的变化；太短的话，可能还没出现明显的变化，这样就没什么可复盘的。一般来说，每周或每月进行一次复盘是比较合适的。

（二）收集复盘周期内的经营数据

这些经营数据包括销量统计、客户反馈、市场需求趋势变化等。这些数据就像是医生的检查单，能帮我们全面了解经营的情况。比如说，你这周卖了多少服装，哪些款式卖得最好，哪些款式卖得不好，客户的评价如何，有没有新的竞争者出现，这些都是你需要收集的数据。

（三）分析数据

经营数据收集完成后，我们接着就要对数据进行分析。通过对比、总结等方法，我们可以找出数据背后的规律和趋势。比如说，你发现这周某种款式的服装卖得特别好，那么可能是因为这种款式符合大多数人的品位；或者本周的客户评价普遍不好，那么可能是你的服务出了问题，或者是商品的质量有所下降。

（四）找出问题，并想办法解决

找出问题后，我们要深入挖掘问题产生的原因，然后制定具体的改进措施。比如说，如果你发现商品的质量有所下降，那么你可能需要换一家供应商；如果你发现服务出了问题，那么你需要进行反思，改进自己的服务态度和提升服务水平。

（五）执行改进措施，并观察效果

在改进措施执行过程中，我们要密切关注改进的情况，看看这些措施是否达到了预期的效果。如果效果不好，我们就要重新考虑改进措施，看看究竟是哪里出了问题。

三、复盘要注意什么

在复盘时，要注意一些细节问题，这样复盘才能更准确、更有效。

（一）保持客观公正的态度

在复盘时，我们需要保持客观公正的态度，不被个人情感或主观偏见所影响。只有这样，我们才能更准确地发现问题、总结经验并制定出有效的改进措施。

（二）及时调整经营策略

市场是不断变化的，我们要根据市场变化及时调整经营策略。如果复盘后发现某些策略不管用了，就要果断进行调整。

（三）不断学习，提升自己

复盘是一个学习的过程，每次复盘都能学到新知识。我们要保持开放的心态，积极学习新东西，为经营之路注入更多动力。

四、快速复盘的技巧

如果想快速复盘，可以运用一些技巧和工具提高效率。

（一）使用专业工具分析数据

现在有很多工具能帮助我们快速整理和分析数据。这些工具能准确找出数据的规律和趋势，为我们制定改进措施提供有力支持。比如说，通过这些工具，你能看到店铺每天的访客量、成交量，还能知道哪些商品最受欢迎，哪些时间段是销售高峰。举个例子，如果发现某个商品在周末的销售量特别高，那就可以考虑在周末加大这个商品的推广力度，这样就能更有效地提升销售额。

（二）建立一套标准化的复盘流程

此举就像做饭一样，有了菜谱，你就能按照步骤一步步进行操作，不会手忙脚乱。复盘也是一样的道理。你可以设定一个固定的复盘流程，比如每周或每月进行一次。每次复盘时，先收集数据，看看店铺的整体表现；然后分析问题，找出哪些环节做得好，哪些环节需要改进；最后制定措施，明确下一步的行动计划。这样，每次复盘都能有条不紊地进行，不仅能节省时间，还能确保不会遗漏任何重要信息。

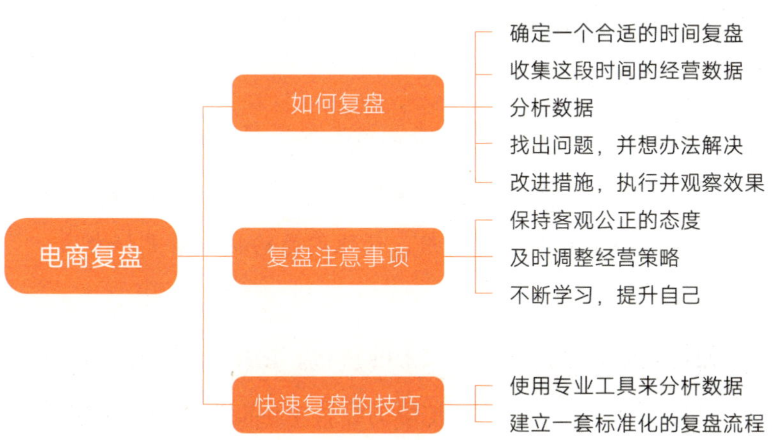

小玲经营着一家化妆品网店，在仔细分析销售数据时，她发现某款化妆品的销量异常突出，远超过其他产品。她好奇地查看了这款化妆品的详细信息，发现它来自一个知名品牌，且拥有众多好评。小玲心想，这或许是一个值得抓住的商机。

于是，她开始深入了解这个品牌的其他产品，并发现它们同样受到市场的欢迎。基于这一发现，小玲决定加大对该品牌化妆品的采购量，以满足更多顾客的需求。

同时，她还注意到这款爆款化妆品在搭配其他产品使用时效果更佳。为了提升顾客的购物体验，小玲开始寻找与这款化妆品搭配的其他产品，并推荐给顾客。她发现，当顾客购买这款化妆品时，往往会顺便购买她推荐的搭配产品，从而增加了店铺的整体销售额。

小玲经过一段时间的努力，她发现不仅那款爆款化妆品的销量持续攀升，店铺的整体业绩也水涨船高。顾客们纷纷表示，小玲推荐的搭配产品非常实用，让他们的购物体验更加愉快。

快速复盘并不是什么高大上的技巧，它其实就是电商经营中的一个好习惯，它让我们在忙碌的经营中也能保持清醒的头脑，时刻关注商品的变化，这样才能对自己的经营情况了如指掌。

第四章

自媒体运营：内容为王，变现有道

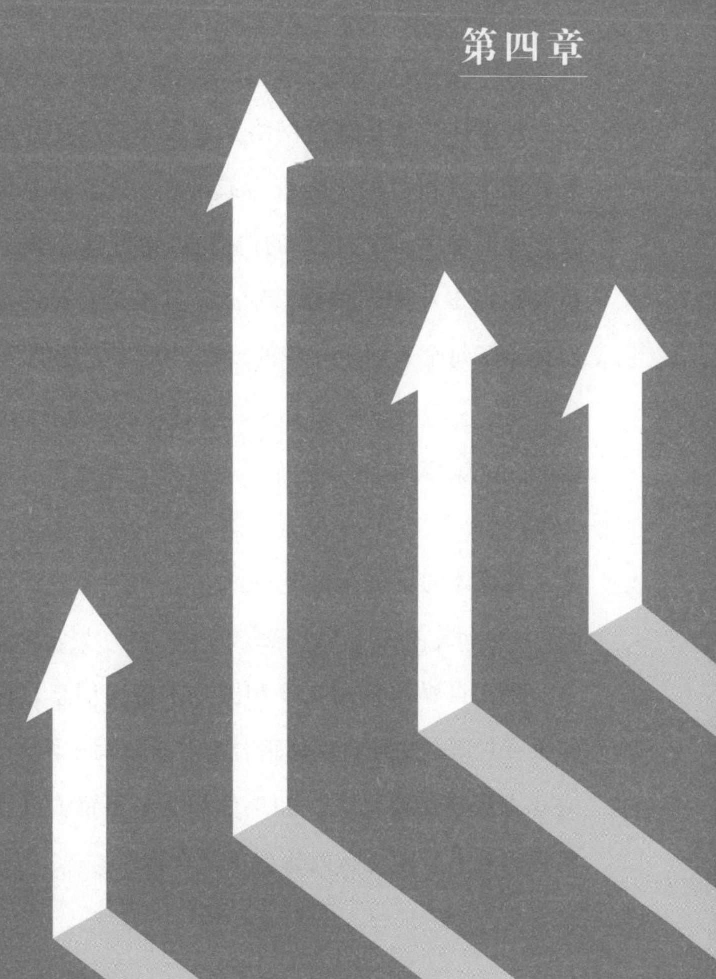

无论图文还是视频，内容是变现的核心

自媒体，就是通过网络平台发布自己创作的内容，如同在互联网上开自己的小电视台或杂志。无论你是谁，都有机会在自媒体上发声，成为信息的传播者。你可以分享日常生活的点滴，也可以把专业知识传授给别人，甚至把自己的品牌打出去。自媒体给了每个人展示才华的舞台，当然，它还能帮助我们赚到钱。

一、自媒体的多彩世界

自媒体的玩法有很多种。

（一）图文自媒体

图文自媒体是用文字和图片来传递信息，像微信公众号、知乎专栏等。这种自媒体适合那些喜欢写东西、分享专业知识，或者有故事想说的人。如果你的文笔不错，或者有很多东西想要告诉大家，图文自媒体就很适合你。

（二）视频自媒体

视频自媒体是通过短视频、直播等形式来展示内容，比如抖音、B站这些平台。这种自媒体更适合视觉传达，可以更直观地展示信息，也更容易吸引眼球。如果你有才艺、创意，或者特别会表达，视频自媒体就能让你快速获得一批粉丝。

（三）音频自媒体

音频自媒体是通过声音来传递内容，像喜马拉雅FM、荔枝FM等。这种自媒体适合在人们移动的时候收听，比如上下班路上、健身时或者睡觉前。如果你声音好听，或者很会讲故事，你通过音频自媒体就能吸引一大波听众。

二、内容对变现的重要性

在自媒体领域，内容就是王道，好的内容能让你赚钱。所以，自媒体的运营者得花心思创作高质量的内容，这样才能吸引粉丝，提高自己的影响力，然后才能赚到钱。

（一）内容的吸引力

好的内容，首先要能吸引眼球。不管是标题、封面，还是内容本身，都要激起人们的好奇心。只有这样，人们才愿意花时间来看你的东西。

（二）内容的价值性

其次，内容要有价值。无论是提供有用的信息，还是分享有趣的故事，或者教授一些知识，只要能满足人们的需求，那么人们才会停留看你的内容。

（三）内容的创新性

最后，内容要新颖。在自媒体这个大海里，相似的内容太多。只有不断创新，提供和别人不一样的东西，你才能脱颖而出，吸引更多的人。

三、内容变现的途径

自媒体运营者可以通过以下几种方式来赚钱：

（一）广告分成

自媒体运营者可以在自己的内容里放广告，然后和广告主合作分成。当有人在看你的内容时，点击或者看了广告，你就能从中拿到钱。

（二）粉丝打赏

有些自媒体平台允许粉丝给创作者的内容打赏。如果粉丝觉得你的内容特别棒，他们就可以通过平台给你打赏，这也是赚钱的一种方式。

（三）商务合作

自媒体运营者还可以和品牌商或者企业合作，帮他们推广品牌或产品，这样也能赚到钱。比如，你给品牌写文章，或者做产品的宣传视频。

（四）内容付费

一些高质量的自媒体内容可以通过付费订阅或者直接购买来赚钱。如果用户觉得你的内容特别有价值，他们就愿意掏钱买。

四、如何做好内容变现

内容变现，本质就是你做的内容有价值，然后通过这个价值来赚钱。在当下内容为王的时代，内容变现变得特别重要。要想做好内容变现，你要做到以下几点：

（一）深入了解用户

用户是你赚钱的基础。你要了解用户需要什么，用户对什么感兴趣，然后根据这些来做内容。

（二）构建多元化的内容体系

在内容方面，你要做个多面手，比如要涉猎文字、视频、音频等方面。还要根据不同的平台，制定不同的内容策略。

（三）独特视角及形式

要形成自己的特色，不能和别人都一样。可以从不同的角度来看问题，或者用新颖的方式来表达。

（四）构建内容与用户的联系

内容要和用户有关联，是用户所感兴趣的，同时也要根据用户的反馈来调整内容。

（五）培养用户的内容支付习惯

可以先给用户发送一些免费的内容，吸引用户培养习惯，然后再慢慢让用户为你付费。付费内容质量要高，不能强迫用户付钱。

（六）设计多元变现渠道

变现的方式有多种，比如让用户订阅会员、买付费内容，或者参加线下的活动。还可以和电商平台、广告商合作。

（七）数据化运营与持续优化

要分析用户的行为数据，看看哪种内容最受欢迎，然后不断调整策略，找到最能赚钱的方式。

张涛是一位历史爱好者，对古代的奇闻轶事总是充满好奇。他发现，尽管历史书籍众多，但真正能让普通读者读得津津有味的却很少。于是，他萌生了一个想法：用轻松幽默的笔触，把历史故事讲得生动有趣。

张涛开始在微信公众号上连载“历史小剧场”，每篇图文都精心挑选一个历史事件或人物，用现代人的视角重新诠释，再加入一些幽默元素，让读者在轻松的氛围中了解历史。他的文章既有趣味性，又不失严谨，很快就吸引了一批忠实粉丝。

张涛的公众号文章底部设有打赏功能，他鼓励读者，如果喜欢故事，可以通过打赏来表达支持。粉丝们被他生动的叙述和深入浅出的解析所吸引，纷纷通过打赏来回馈他的辛勤工作。这些打赏虽是小额，但积少成多，已然成为张涛收入的一部分。

随着公众号影响力的扩大，不少品牌和企业开始注意到张涛的账号。他们希望通过张涛的笔触，将自己的产品或服务与历史故事相结合，以此吸引更多对历史文化感兴趣的消费者。张涛通过精心策划的商务合作，为品牌撰写了一系列既有教育意义又具有商业价值的文章，这些合作不仅为他带来了稳定的收入，也进一步扩大了他的读者群。

此外，张涛还推出了内容付费服务。他为那些渴望深入了解某个历史话题的读者，提供了更为详尽的付费文章。这些文章往往包含了更多的历史知识、深入的分析和独家的见解，满足了一部分读者对于高质量内容的需求。通过这种方式，张涛不仅巩固了自己作为历史内容创作者的地位，也为自己增加了新的收入来源。

内容变现的核心就是靠内容的价值来吸引用户，然后通过用户来赚钱。这个过程需要慢慢来，要在做好内容和赚钱之间找到平衡。只有不断提供独特的内容，不断优化内容体系，才能持续地通过内容赚到钱。

让人欲罢不能的内容创意方法

做自媒体，内容的力量不容小觑。它不仅是吸引粉丝的磁石，更是实现商业价值的桥梁。接下来，我来教你几种打造让人欲罢不能的内容创意方法，为你的自媒体之路增添动力。

一、打造个性化标签

在自媒体的浩瀚海洋中，想要让自己的那叶小舟被看见，个性化标签是那盏指引的明灯。

（一）发掘你的独特卖点

先来一场自我探索之旅。思考一下，你对什么充满热情？你的专长是什么？你想要传达什么样的信息？如果你对美食有着独到的见解，那就围绕美食来展开你的话题。

（二）塑造你的专属风格

由内容决定你的沟通风格，是幽默风趣，还是专业严谨？

由此塑造你内容的独特“声音”。面对年轻活泼的受众，轻松诙谐会更受欢迎；而面对专业群体，专业严谨则更能够获得认同。

（三）设计你的品牌形象

视觉形象同样关键。设计一个具有辨识度的LOGO，选择与你风格相匹配的色彩方案，统一的版面设计，无论在哪个平台，都能让人一眼认出你。

二、紧跟热点，巧妙结合

热点事件可是吸引眼球的“大杀器”。下面教你怎么紧跟热点，让你的内容火起来。

（一）迅速反应

一旦出现新的热点，要迅速做出反应。浏览社交媒体，关注新闻动态，了解当前的热门话题。

（二）巧妙联系

找到热点与你的自媒体内容之间的联系点。例如，作为美食博主，可以探讨热门电视剧中的美食元素，或者利用热点事件引入你的美食话题。

（三）提供独特视角

尝试以一个新颖的角度来解读热点，避免人云亦云，这样才能吸引人们的眼球。

三、故事化表达

讲好一个故事，能让你的内容更具吸引力和感染力。下面是几个让内容故事化的方法。

（一）细腻刻画人物形象

人物是故事的核心，要让读者对人物产生共鸣，就要对人物进行全方位的刻画。除了基本的姓名、年龄、职业等背景信息，还要关注人物的性格特点、行为习惯、内心世界等方面。通过具体的事例和细节描写，让人物跃然纸上，让读者能够感同身受。

（二）跌宕起伏的情节设计

一个好的故事，需要有引人入胜的情节。情节的设计要符合逻辑，同时要充满戏剧性。通过设置悬念、冲突、转折等手法，让故事充满张力，使读者在阅读过程中始终保持紧张感和期待感。

（三）真挚地情感投入

情感是故事的灵魂，真挚的情感表达能让故事更具感染力。在故事中，要通过人物的言谈举止、心理描写等手法，将情感自然地融入情节之中。同时，也要注意情感的层次和变化，让读者能够感受到情感的起伏和波动。

（四）灵活运用叙述技巧

叙述技巧是讲好故事的关键。除了常见的顺序叙述、倒叙、插叙等手法外，还可以尝试运用多线叙事、视角切换等更高级的叙述技巧。这些技巧能够丰富故事的层次感，提升故事的吸引力。

四、激发情感共鸣

情感共鸣能触动读者的心弦，下面介绍几个方法，可以帮助你在内容中加入情感元素。

（一）分享真实体验

分享自己的真实体验和情感是触发情感共鸣的有效途径。无论是成功的喜悦，还是失败的沮丧，都可以作为分享的内容。通过真诚地表达自己的感受和思考，能够让读者感受到你的真实和坦诚，从而产生共鸣。

（二）讲述情感故事

情感故事是触发情感共鸣的重要手段。无论是讲述自己的亲身经历的事情，还是他人的感人故事，都要注重情感的表达和细节的描写，这样才能够让读者在情感上产生共鸣和认同。

（三）运用情感语言

情感语言是触发情感共鸣的关键。在内容创作中，要注重运用能够触动人心的词汇和表达方式。例如，使用生动的比喻、形象的描写、深情的呼唤等手法，让读者在阅读过程中感受到强烈的情感冲击。

（四）运用情感符号

情感符号是触发情感共鸣的辅助手段。音乐、图片、视频等符号能够传递强烈的情感信息，增强内容的感染力和吸引力。在内容创作中，可以巧妙地运用这些情感符号，让读者在视觉和听觉上得到更丰富的情感体验。

五、逆向思维

逆向思维是一种打破常规、寻求新视角的思维方式。在内容创作中，运用逆向思维能够为作品带来独特的风格和提升内容的思想深度。

（一）挑战常规的独特见解

挑战常规是逆向思维的核心。在内容创作中，可以尝试提出与常规观点不同的见解和看法，激发读者的好奇心和探究欲。这些独特见解可以是对社会现象的新解读、对传统观念的重新思考等。

（二）独特见解源自全面剖析

逆向思维并不是简单地否定或颠覆常规观点，而是通过深入分析来揭示事物的本质和真相。在内容创作中，可以对传统观点进行全面剖析，找出其中存在的问题和局限性，并提出自己的见解和解决方案。

（三）充分证据的理性支撑

为了让逆向思维更具说服力和可信度，需要为观点提供充分的证据和逻辑支持。这些证据可以来自数据分析、案例研究、专家观点等多个方面。通过理性的分析和论证，让读者更加信任和接受你的逆向观点。

六、互动式内容设计

互动式内容能够提高粉丝的参与度，以下是几个设计互动内容的技巧。

（一）问答环节

在内容中加入问答环节，邀请粉丝参与讨论，可以是与内容相关的问题，也可以是开放式的问题。

（二）投票调查

通过投票了解粉丝的意见，增加互动的同时，收集反馈，优化内容。

（三）设计小游戏

创建与内容相关的小游戏，如趣味问答，增加互动乐趣，吸引目标粉丝参与。

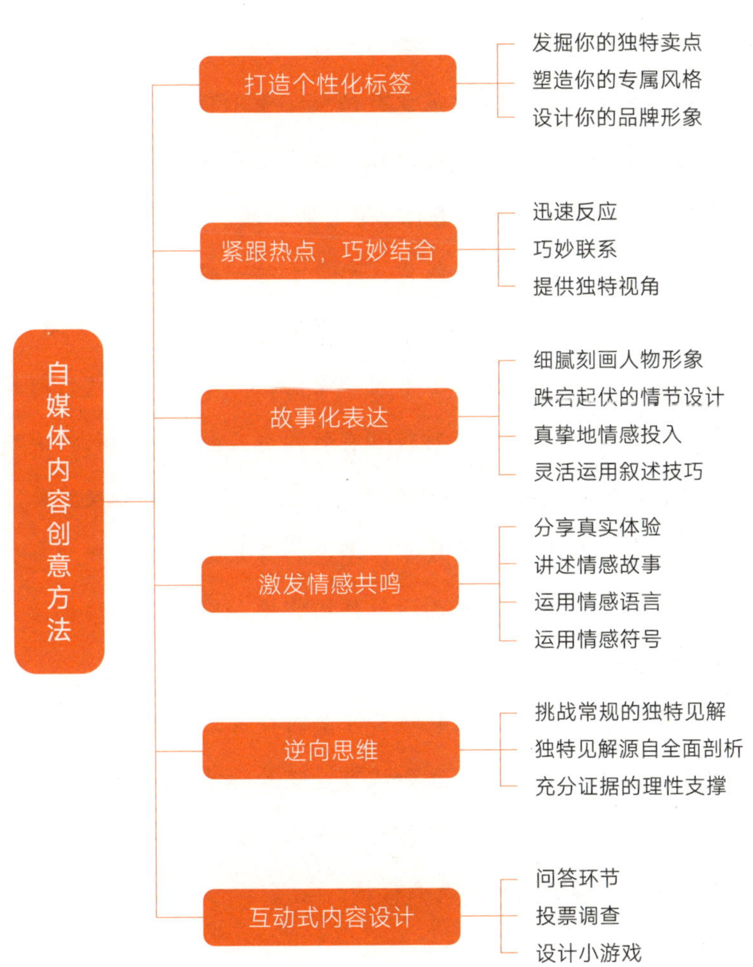
自媒体内容创意方法
打造个性化标签
发掘你的独特卖点
塑造你的专属风格
设计你的品牌形象
紧跟热点，巧妙结合
迅速反应
巧妙联系
提供独特视角
故事化表达
细腻刻画人物形象
跌宕起伏的情节设计
真挚地情感投入
灵活运用叙述技巧
激发情感共鸣
分享真实体验
讲述情感故事
运用情感语言
运用情感符号
逆向思维
挑战常规的独特见解
独特见解源自全面剖析
充分证据的理性支撑
互动式内容设计
问答环节
投票调查
设计小游戏

李婷是一位专职妈妈，她有两个孩子，她对育儿有着独到的见解和丰富的实践经验。李婷发现，尽管市面上充斥着大量育儿书籍和指南，但其中很少有结合儿童心理学，对传统育儿观念进行科学分析和挑战的内容。她决定利用自己的专业知识和亲身体验，通过自媒体平台分享育儿经验。

李婷的内容创作充满创意，她勇于对一些传统但未必科学的育儿做法提出疑问，比如对于“孩子哭了不要马上抱”等观念，她结合心理学研究，提出了不同的看法，并给出了合理的解释和建议。她还创造了一系列新颖有效的育儿技巧，如利用游戏促进孩子的认知发展，或通过角色扮演来增强孩子的社交技能。通过讲述自己孩子的成长故事，李婷将育儿经验和心理学知识融入生动的案例中，使自己的创作内容更加贴近读者的生活，易于理解和记忆。

李婷创作的内容不仅帮助了许多同样身为父母的读者，也引起了儿童教育专家的关注和认可。随着影响力的增加，李婷开始接到出版社的邀请，将自己的育儿经验编撰成书，进一步扩大了她的内容影响力和商业价值。

自媒体内容的创意方法千变万化，关键在于，你要将这些方法应用到实际内容创作中，打造出既有个性又吸引人的内容，让你的粉丝们看了还想看。

开启广告与商务合作，实现被动收入

如果你的自媒体已经积累了一定体量的粉丝，那么恭喜你，可以开启广告和商务合作了，让你的账号成为一台稳稳的“提款机”了。

 广告变现的几种方式

（一）平台广告分成

很多平台，比如微信公众号、抖音等，都允许你在自己的内容里插入广告。这些广告有的是平台自动匹配的，有的是你和广告商直接合作的。只要有人看你的内容，点击了广告，或者看了一段时间，你就能拿到平台广告分成。

（二）自营广告位

如果你的账号粉丝不少，你可以直接联系商家，在你的文章或者视频里播放他们的广告。比如，你是个美食博主，你可

以和一家餐厅合作，在文章里对餐厅进行推荐，或者在视频里展示餐厅的菜品。商家可能会支付你一定的费用，作为广告展示的代价，也可以根据通过你的推荐而产生的销售额支付一定比例的提成，或者为了某次特别的推广活动支付给你一定的费用。

（三）会员制广告

如果内容特别受欢迎，你可以考虑设置会员制。会员可以看到一些会员专享的内容。这样，会员费就成了你的收入来源。

二、商务合作的几种模式

（一）品牌合作

如果你的自媒体账号在某个领域特别有影响力，比如时尚、科技、旅游等，你可以和相关品牌合作。比如，你是个旅游博主，你可以和一家旅行社合作，推广他们的旅游线路。

（二）联名产品

如果你的个人品牌已经有一定的知名度，你可以和品牌商合作推出联名产品。比如，你是个知名美妆博主，你可以和一家化妆品品牌合作，推出特别版的商品。

（三）线下活动

如果你的账号粉丝很活跃，你可以考虑举办一些线下活动，比如粉丝见面会、专题讲座等。寻找合适的赞助商进行活动的赞助或合作，你也能赚到钱。

三、如何开启广告与商务合作

（一）明确你的定位

一定要清楚你的账号是做什么的，你的粉丝群体是什么样的，还要了解你的粉丝喜欢什么，以及他们的年龄、性别、职业等信息，这样你才能找到合适的合作伙伴。比如，你的粉丝主要是年轻的妈妈，你就适合与儿童教育或家庭用品品牌合作。

（二）建立合作标准

要记住，不是什么广告都要接，什么合作都要做，你要有自己的合作标准，比如产品的质量是否过硬，品牌的形象是否正面，以及合作是否与你账号的核心价值观相契合。这样做能够保持你账号内容的高品质，维护粉丝对你的信任。

（三）沟通合作细节

与潜在的合作伙伴沟通时，要明确表达你的期望和要求，包括广告的形式、投放的时间、费用标准等。同时，也要展现出你的专业性和对合作的重视。

（四）签订合同

任何形式的合作都应该以合同的形式明确下来，包括合作的内容、时间、费用、双方的权利和义务等，避免未来产生纠纷。

（五）制定合作方案

根据你的内容特点和商家的需求，制定合作方案。比如，是单纯介绍对方的产品，还是在你的内容中植入广告，这些都要双方商议后决定的。

（六）执行合作内容

按照合作方案，制作广告内容。比如，为餐厅制作视频时，要拍摄吸引人的食物画面，介绍餐厅的独特之处。

（七）发布并跟踪效果

发布广告内容后，还要跟踪广告效果。比如，你发布了一个视频，你就要看看有多少人看了，有多少人看过你的广告去消费了，以此来评估合作的成效，并为未来的合作提供数据支持。

四、注意事项

（一）内容质量不下降

广告和商务合作不能影响到你的内容质量。如果你为了赚钱，放了很多和内容无关的广告，或者推荐了一些质量不好的产品，粉丝就会流失。

（二）诚信合作

对合作的商品或服务，不要夸大其词，不要虚假宣传。诚信是长久合作的基础，也是维护粉丝的基础。粉丝是因为信任你，才会愿意买你推荐的东西。所以，你推荐的产品要真的好才行。

（三）持续优化

根据合作的效果，不断优化你的广告和商务合作模式。比如，你发现对于某个类型的广告，粉丝并不喜欢，你就要做出调整，以后这个类型的广告谨慎合作。或者你发现某个品牌的产品特别受欢迎，你就可以和他们建立长期合作关系。

小张是一位专注于零食测评的自媒体博主，他的微信公众号以其独到的零食口味分析和风趣幽默的文风，吸引了大量零食爱好者的关注。

一家新兴的零食品牌联系到小张，希望他能在公众号上推广他们的产品。小张并没有急于答应，而是先对这家品牌进行了全面的调研，从产品质量到品牌口碑，再到消费者反馈，他都一一仔细考量。确认这家品牌的产品符合自己的测评标准后，小张决定与他们展开合作。

合作之初，小张与品牌方进行了深入的沟通，明确了合作的方式：小张将通过全面试吃和评价品牌零食的新口味，撰写一篇详细的零食测评文章。为了保证内容的客观性和独立性，小张坚持自己的评价标准，即使面对品牌方，也毫不妥协。

文章发布后，小张的粉丝们反响热烈，他们对小张的真诚和专业表示赞赏，同时也对推荐的新口味零食产生了浓厚的兴趣。文章的阅读量和转发量迅速攀升，每当粉丝通过小张的推广链接购买零食时，品牌方都会按照之前与小张协商的佣金比例支付给他。

这次合作的成功为小张打开了新的收入渠道，也为他赢得了更多品牌方的关注。小张继续以他独特的测评风格，与更多零食品牌建立了合作关系。但他始终保持着自己的原则，只推荐那些真正美味、质量上乘的零食，这让他的文章始终保持着高度的可信度和影响力。

通过上面的方法用心经营，你可以将自媒体账号打造成一个稳定的收入来源。但一定要记住，内容是自媒体的核心，广告和商务合作只是变现的手段。无论何时，都不要忘了坚持提供高质量的内容，这样，你的“提款机”才能运转得更稳、更久。

版权保护，让你的内容创意更值钱

自媒体时代，每个人都可以按照自己的想法创作内容，不经意间，你的每一个创意，每一段视频，每一篇文章，都可能成为别人眼中的“香饽饽”。这时候，版权保护就显得尤为重要了。下面，我们就来聊聊自媒体人如何保护自己的创作内容不被侵权，让你的辛苦付出能够得到应有的回报。

一、认识版权，了解你的权利

首先，要明白什么是版权。简单来说，版权就是你对作品的“独家经营权”。一旦你创作了内容，无论是文字、图片还是视频，你就自动拥有了这个作品的版权。这意味着，别人要想使用你的内容，就要得到你的授权，否则就是侵权。

二、版权声明，明确你的主权

虽然你的原创作品一诞生就自带版权，但有时候，还需要你大声说出来。在你的内容里，不妨加上一句版权声明，比如“本文为原创作品，未经允许不得转载”或“本视频版权归作者所有，禁止未经授权的复制和传播”。这样的声明可以起到一定的警示作用，提醒其他人在使用你的作品时首先要先征得你的同意。

三、留下证据，防止争议

有时候，即使你有版权声明，也可能会遇到侵权的情况。这时候，你要收集并保留证据。发布作品前，你可以将作品的相关信息，如创作时间、内容摘要、原始文件等，通过邮件或其他方式发送给自己或信任的第三方，作为日后维权的重要证据。

四、发现侵权怎么办

如果你发现自己的作品被侵权了，首先要保持冷静，不要慌张。接下来，你可以采取以下措施来维护自己的权益：

（一）收集证据

截图、下载、录屏等方式都可以用来收集侵权证据。确保你收集的证据能够清晰地证明侵权事实和对你的权益侵害。

（二）尝试与侵权方联系

你可以通过私信、邮件等方式与侵权方取得联系，要求他们立即停止侵权行为并道歉。如果对方愿意配合并改正错误，那么问题可能就此解决。

（三）采取法律手段

如果侵权方不予理睬或态度恶劣，那么你可以考虑采取法律手段维护自己的权益。向相关平台投诉、报警或寻求律师的帮助都是可行的选择。在这个过程中，你需要充分准备好证据和材料，这些材料能够有力地证明你的权益被损害和被侵权的事实。

五、避免侵权他人

保护好自己的同时，也得注意不要侵犯了别人的版权。使用网络上的图片、音乐或视频时，要确保它们是免费的或已经获得了授权的。如果不确定，最好不用，或者联系原作者获取授权。

六、版权变现的途径

版权不仅仅是一种保护措施，更是一种资产。你可以通过授权使用、转让版权、版权合作等多种方式，让你的作品为你带来经济收益。

（一）授权使用

你可以将自己的作品授权给其他个人或公司使用，并收取一定的授权费用。这种方式适用于那些具有一定知名度和影响力的自媒体人，他们的作品往往能够吸引更多人的关注，产生更多的商业价值。

（二）转让版权

如果你不再需要某个作品的版权或者想要将其完全转让给他人，你可以考虑将版权进行转让。通常情况下，版权的转让价格会比较高，但这也意味着你将失去对该作品的所有权利。

（三）版权合作

与其他创作者或公司进行合作，共同开发作品的衍生产品或者进行其他形式的商业合作，也是一种常见的版权变现方式。这种方式可以带来更多的商业机会和收益，同时也有助于扩大作品的影响力和知名度。

七、版权保护的日常动作

保护版权应该成为一种日常动作。在创作过程中，需要注意以下几点：

（一）标注版权信息

在发布作品时，不妨在显著位置标注版权信息，如作者姓名、创作时间等。这既可以起到警示作用，也有助于在维权时提供有力的证据。

（二）使用水印

对于图片和视频等视觉作品，可以使用水印技术来防止未经授权的复制和传播。水印可以包括作者的标识、联系方式等信息，以便在他人发现侵权行为时能够及时联系到作者。

（三）定期检查

定期检查自己的作品也是非常重要的。通过搜索引擎或其他渠道定期搜索自己的作品，看是否有未经授权被使用的情况。

胡杨是一位健身爱好者，他每天在自媒体平台上分享健身心得，从饮食搭配到锻炼动作，无一不细致入微。

然而，就在胡杨的健身知识越来越受欢迎时，他意外地发现有人盗用了他的内容。这位不知名的博主将胡杨的文章稍做修改，换了个标题就当作自己的原创发布了。胡杨尝试联系对方，希望他们能主动删除侵权内容，但对方却选择了沉默。

面对这种无声的挑衅，胡杨决定采取行动。他首先截图保存了对方平台上的侵权文章，并对比自己的原文，标出了几处明显相似的段落。接着，他又找到了一些粉丝的评论，证明这些内容确实是自己先前发表的。

胡杨在自己的自媒体账号上发表了一篇文章，详细说明了整个侵权事件，并附上了证据。他的文章标题直接而有力："原创不易，盗用可耻——我的维权之路"。在文章中，胡杨表达了对原创内容的尊重，以及对侵权行为的强烈谴责。

文章发布后，胡杨的粉丝们纷纷表示支持，他们开始在侵权博主的文章下留言，要求删除侵权内容。面对舆论的压力，侵权博主最终选择了删除文章，并向胡杨公开道歉。

原创内容是每个博主的心血结晶，它承载着创作者的智慧与情感，我们应时刻警惕侵权行为，保护自己的创作成果。同时，我们也要尊重他人的版权，共同营造一个公平、健康的创作环境。

短视频赚钱：找准定位，玩着赚钱

第五章

把“刷”短视频的时间，用来赚钱

短视频已经成为我们生活中不可或缺的一部分。无论是闲暇之余的消遣，还是工作间隙的放松，看短视频似乎已经成为一种习惯：躺在沙发上或是床上，一遍又一遍地滑动着手机，看着那些让人捧腹大笑、眼前一亮的短视频，时间就这么流逝了。然而，你有没有想过，这些看似消磨时间的短视频，其实也可以成为你赚钱的工具呢？

一、短视频为什么能赚钱？

（一）庞大的用户基础

短视频平台之所以能够成为赚钱的沃土，是因为平台拥有庞大的用户基数。以抖音、快手等为代表的短视频平台，用户量动辄数亿，这样的用户规模为内容创作者提供了巨大的潜在粉丝群体。在这些平台上，一条短视频一旦受到欢迎，就能迅速获得数万甚至数百万的观看量，从而为创作者带来可观的收益。

（二）高度的用户参与度

短视频平台的用户参与度极高，这得益于平台的设计和算法。用户可以轻松地通过点赞、评论、分享和发送虚拟礼物等方式与内容互动。这种即时反馈机制不仅增强了用户的参与感，也为创作者提供了与粉丝互动的机会，进一步增强了粉丝的忠诚度和活跃度。

（三）精准的算法推荐

短视频平台的推荐算法是其核心竞争力之一。通过分析用户的观看历史、互动行为和偏好，算法能够精准地向用户推荐他们感兴趣的内容。这种个性化的推荐机制极大地提高了内容的曝光率和观看率，为创作者带来了更多的机会。

（四）便捷的变现渠道

短视频平台提供了多种变现渠道，包括但不限于广告分成、品牌合作、虚拟礼物、付费内容等。这些渠道为创作者提供了灵活多样的赚钱方式，让他们可以根据自己的内容特点和粉丝群体选择合适的变现模式。

（五）低门槛的创作条件

相比于传统的视频制作，短视频的制作门槛较低。用户可以使用手机等便携设备进行拍摄和编辑，无须专业的摄影设备和后期制作团队。这种低门槛的创作条件让更多的人能够参与到短视频的创作中来，也为平台带来了多样化的内容。

 如何利用短视频赚钱？

（一）找准你的兴趣点，清晰定位

想要创作出受欢迎的内容，首先就要找准你的兴趣点，明确你的定位。你是喜欢搞笑幽默的内容，还是喜欢分享生活小妙招？你是擅长美食制作，还是精通旅游攻略？只有明确了你的定位，才能够创作出符合你风格的作品，吸引更多同好的关注。

（二）学习短视频创作技巧，提升内容质量

想要创作出高质量的短视频，只有兴趣是不够的，还需要掌握一定的创作技巧。比如，如何选择合适的背景音乐？如何剪辑出吸引人的片段？如何配上恰到好处的文字说明？这些都需要你不断学习和实践。你可以通过参加一些短视频创作培训班，或者观看一些优秀创作者的分享，来提升自己的创作能力。

（三）利用短视频平台，发布你的作品

当你创作出了一些满意的短视频作品后，就可以选择在各大短视频平台上发布了。这些平台通常都有着庞大的用户群体和精准的推荐算法，能够让更多的人看到你的作品。在发布作品时，记得要选择合适的标题和标签，以便让更多的人能够找

到你的作品。

（四）与粉丝互动，建立良好关系

在短视频平台上，与粉丝的互动是非常重要的。你可以通过回复评论、私信互动等方式，与粉丝建立起良好的关系。这样不仅能够增加粉丝的黏性，还能够让你的作品得到更多的传播和推荐。

（五）探索变现模式，获取收益

当你的短视频账号积累了一定量的粉丝和流量后，就可以开始探索变现模式了。比如，你可以通过接广告、推广产品等方式获得收入；开设付费课程或者提供咨询服务，将你的知识和技能变现；还可以尝试与品牌合作，进行直播带货等。当然，在变现的过程中，一定要注意合规合法，不要违反平台规定和法律法规。

小王曾是一名普通职员，失业后，面对一天天瘪下去的钱包，小王没有选择继续求职，而是把目光投向了火热的短视频平台。他注意到短视频平台上有许多分享生活技巧的内容创作者，这给了他灵感。小王决定结合自己目前的生活状态特别是省钱的小技巧，拍摄一系列教人如何精打细算过日子的视频。

小王的视频内容朴实无华，却充满了生活的小智慧，比如教你如何用一瓶矿泉水的钱做出三餐，怎样把家里的废旧物品做成实用的小工具，变废为宝。他没有专业的摄影棚，家里的白墙就是最好的背景；没有高级的剪辑软件，手机里的免费应用 App 也用得得心应手。

随着小王的视频逐渐受到欢迎，他开始尝试通过平台的一些小功能来变现。比如，他会在视频下方附上合作电商平台的购物链接，推荐一些自己使用后感觉性价比高的商品。每当有粉丝通过这些链接购买商品，小王就能获得一笔佣金。

小王还发现，平台的广告分成也是一个不错的收入来源。他开始在视频中适当地加入一些广告，既不突兀，也不影响粉丝的观看体验。这些广告收入虽然起初并不多，但积少成多，渐渐成了小王的主要收入之一。

要想把看短视频的时间用来赚钱，首先你要明白一个道理：时间就是金钱。当你把时间花在了看短视频上，就意味着你放弃了利用这段时间去创造更多价值的机会。但是，如果你能够转变思维，把“刷”短视频的时间变成学习和创作短视频的时间，那么你就能够利用这些短视频，为自己创造一份财富。

适合新手快速入门的五大平台

在短视频领域，选择合适的平台对于新手而言至关重要。每个平台都有其独特的用户群体和内容偏好，选择对了，你就能在短视频这片大海里顺风顺水。快来看看五大平台各自的特点吧，相信你能从中得到启发，在短视频领域快速成长和变现。

一、抖音

（一）平台特色

抖音以其强大的算法和年轻化的用户群体著称。它的内容包罗万象，从流行舞蹈到搞笑短剧，再到生活小技巧，几乎覆盖了年轻人的所有兴趣点。抖音的推荐机制非常精准，能够快速将你的内容推送给感兴趣的用户。

（二）新手入门建议

作为新手，可以从模仿热门视频开始，但更重要的是找到自己的特色。尝试结合自己的兴趣和特长，制作一些有创意、有个性的内容。同时，注意视频的节奏和剪辑，确保内容紧凑有趣。

（三）注意事项

在抖音上，内容的更新速度非常快，因此你需要保持高频率的更新，以维持用户的关注度。同时，注意避免内容同质化，力求创新和独特。

二、快手

（一）平台特色

快手的用户群体更为广泛，它更注重普通人的日常生活和情感表达。快手的社区氛围友好，用户之间的互动更加紧密。

（二）新手入门建议

在快手上，真诚和接地气的内容更容易获得用户的喜爱。你可以通过分享自己的生活故事、家乡风情或者个人技能，建立起与粉丝的情感联系。同时，快手的直播功能也为你提供了与粉丝实时互动的机会。

（三）注意事项

快手用户偏好真实、朴素的内容，因此在制作视频时，尽量保持自然，避免过度包装和虚假表现。

三、微信视频号

（一）平台特色

微信视频号依托于微信的社交网络，具有强大的社群属性。它的内容形式多样，包括短视频、微电影等，尤其适合有创意的年轻用户。

（二）新手入门建议

利用好微信的社交网络，可以通过分享到朋友圈、微信群等方式，增加自己视频的曝光率。同时，微信视频号的短视频制作工具简单易用，新手可以快速上手，制作出有趣味性的内容。

（三）注意事项

微信视频号的用户群体与微信高度重合，因此在内容制作时，要考虑到微信用户的偏好和社交习惯，制作出易于分享和传播的内容。

四、B 站（哔哩哔哩）

（一）平台特色

B 站最初以二次元文化为主，现在已经发展成为一个多元化的内容社区。它的用户群体以年轻人为主，对内容的质量和深度有较高的要求。B 站的短视频通常以知识分享、技能教学、创意表达等形式出现，非常适合有特定技能或知识背景的创作者。B 站的弹幕文化也是其一大特色，可以增加粉丝的互动性和参与感。

（二）新手入门建议

在 B 站，内容的深度和质量至关重要。你需要深入研究自己的领域，制作出有价值、有趣味的短视频。同时，了解 B 站的文化和用户偏好，制作出符合平台特色的内容。

（三）注意事项

B 站的用户对内容的质量要求较高，因此在制作视频时，要注重内容的专业性、创新性和观赏性，避免制作粗糙或内容空洞的视频。

五、小红书

（一）平台特色

小红书最初是一个分享购物经验和生活方式的社区，现在已经发展成为一个集生活分享、购物推荐、短视频于一体的综合性平台。

（二）新手入门建议

在小红书上，你可以分享自己的生活小技巧、旅行经历、美食制作等内容。这些内容通常需要具有一定的实用性和参考价值，能够给用户带来帮助或启发。

（三）注意事项

小红书的用户群体以年轻女性为主，因此在内容制作时，要考虑到这一群体的偏好和需求，制作出符合她们口味的内容。小红书的用户对美感具有较高的追求，因此，高质量的图片和视频更容易获得用户的青睐。同时，要利用好小红书的标签和话题功能，以增加内容的曝光率。

毕业于美术专业的李芳，没有选择传统的就业道路，而是决定利用自己的专业技能在家搞创业。她擅长水彩画，尤其是简笔画，这种画风简单清新，易于上手，非常适合初学者学习。

在比较了多个短视频平台后，李芳选择了小红书作为自己的创作基地。小红书的用户群体以年轻人为主，他们热爱生活，追求个性化和美的体验，这与李芳的水彩简笔画风格不谋而合。

李芳开始制作一系列水彩简笔画的教学短视频。她在视频中详细介绍了水彩画的基础知识、绘画技巧和创作心得。她的视频风格亲切自然，步骤清晰，即使是没有任何绘画基础的粉丝也能轻松跟随。她还在视频中展示了自己的绘画过程，让粉丝能够直观地感受到水彩画的魅力。

后来，李芳又逐渐探索出了一些受年轻人欢迎的主题，让内容更加贴近生活，更具吸引力。

她发现，围绕“生活中的小确幸”这一主题，创作内容能够引起粉丝的共鸣。例如，她会教大家如何用水彩记录下一天中的美好瞬间，或是绘制一些简单而温馨的小物件，如咖啡杯、绿植等，这些内容往往能够激发粉丝的创作热情。

节日时，李芳会推出特别系列，教大家绘制节日贺卡或明信片。她的教程详细说明了如何根据不同的节日主题选择合适的颜色和图案，以及如何巧妙地布局设计，使贺卡既美观又有个性。这些节日主题的短视频不仅应景，还具有很强的实用性，许多粉丝会在节日前涌入她的小红书账号，学习制作贺卡的技巧。

此外，李芳还注意到，很多初学者对于颜色的选择和搭配感到困惑。因此，她在视频中加入了关于色彩知识的讲解，教大家如何认识不同的颜色，以及如何进行颜色搭配，创作出和谐美观的作品。她还会介绍各种水彩用具，包括不同品牌和类型的水彩笔、颜料和纸张，帮助粉丝选择适合自己的绘画工具。

通过这些贴近生活、富有创意的主题，李芳的短视频内容更加丰富多元，她的小红书账号逐渐成了水彩画爱好者的学习天地。通过这些精心策划的内容，李芳在小红书上形成了自己的影响力，并成功实现了通过短视频创作获得收益的目标。

通过以上介绍，相信你对如何选择合适的短视频平台已经有了一定的了解。每个平台都有其独特的优势和规则，关键在于找到最适合自己的那一个。别忘了，内容的质量和创意是吸引粉丝的关键，而合适的平台则是你展示才华的舞台。

不要害怕开始，因为每一次尝试都可能是通往成功的起点。拿起你的手机，记录下生活中的精彩瞬间，通过短视频分享你的故事，创造你的价值吧。

找准账号定位，获得流量密码

你是否发现，尽管你用心制作了视频，却难以获得关注？或许，问题出在你的账号定位上。定位，是你在短视频世界中的坐标，它决定了你能否被感兴趣的粉丝发现，能否让你的内容触动那些最有可能成为你粉丝的人。如果你还在为如何定位而苦恼，那么接下来要介绍的“四步定位法”将为你解开疑惑。

一、明确目标受众

账号定位的首要步骤是明确你的目标受众。这需要你深入了解潜在粉丝的需求和偏好。你可以通过市场调研、问卷调查、社交媒体互动等方式来收集信息。了解他们的年龄、性别、职业、兴趣爱好等信息，这些都是制定内容策略的重要依据。

例如，如果你的目标受众是年轻的学生群体，你可以制作一些轻松幽默、贴近校园生活的内容；如果是职场人士，那么提供职业技能提升、职场经验分享的内容可能会更受欢迎。此外，你还可以对受众群体做进一步的细分，比如针对大学生的求职技巧、年轻父母的育儿知识等，这样的细分可以帮助你更精准地定位内容。

二、分析竞争对手

在短视频领域，要了解你的竞争对手，这是非常重要的。你要分析他们的成功之处，了解他们的内容风格、互动方式、更新频率等。同时，也要注意可能被他们忽视或未充分开发的领域，这些可能就是你实现突破的机会点。

分析竞争对手的方法有很多，包括但不限于：

（一）观看热门视频

看看同类型账号中哪些视频最受欢迎，它们有什么共同点。注意视频的创意点、拍摄手法、编辑技巧等，这些都是你可以学习的地方。

（二）分析互动数据

评论、点赞、分享等互动数据能够反映粉丝的喜好。通过分析这些数据，你可以了解到粉丝对哪些内容更感兴趣，哪些话题更能引发讨论。

（三）了解更新频率

了解竞争对手的更新频率，找到适合自己的更新节奏。更新频率不仅影响内容的新鲜度，也影响粉丝的期待和忠诚度。

（四）关注内容创新

观察竞争对手是否有创新的内容形式，这些可以为你提供灵感。创新是吸引粉丝的重要因素，也是你在竞争中脱颖而出的关键。

三、确定内容方向

在明确了目标受众、分析了竞争对手之后，接下来步骤就是确定自己的内容方向。内容方向应该是你感兴趣且能够持续产出的领域，它应该与目标受众的兴趣点相匹配，并且能够在竞争中展现出你的独特性。

确定内容方向时，可以考虑以下几个方面：

（一）内容主题

你的内容将围绕哪些主题展开？如美食、旅行、教育、科技等。你可以选择一个自己熟悉和热爱的领域，这样才能持续产出高质量的内容。

（二）内容形式

你将采用哪种形式来呈现内容？如教程、测评、幽默短剧、生活技巧等。不同的内容形式适合不同的主题和受众，对此，要选择最适合你主题的形式。

（三）内容风格

你的内容将以何种风格呈现？如幽默、严肃、科普、情感等。风格是内容的灵魂，它决定了粉丝对你内容的感知和接受度。

（四）内容价值

你的内容能为粉丝带来什么价值？如娱乐、教育、信息、启发等。有价值的内容才能吸引粉丝长期关注，也是你建立粉丝群体的基础。

四、打造独特风格

独特风格是让你的短视频账号在众多竞争者中脱颖而出的关键。短视频账号风格一般包括视觉元素、语言表达、视频结构等方面，是粉丝对你账号的直观印象和认知。

以下是塑造独特风格的一些方法：

（一）视觉元素

打造独特风格的视觉元素可以使用统一的视频封面、特定的色彩搭配、特色的动画效果等。视觉元素是粉丝的第一印象，有辨识度的视觉风格可以帮助粉丝快速记住你的账号。

（二）语言表达

独特的说话方式、标志性的口号、个性化的语言风格等，都可以让你的视频语言表达具有独特的风格。语言表达是内容的载体，有特色的语言表达风格可以让你的内容更有吸引力。

（三）视频结构

做有特色的视频结构一般包括固定的开场和结尾、一致的镜头切换、特色的编辑手法等。有结构感的视频可以给粉丝带来更好的观看体验，也是你个人风格的一部分。

（四）互动方式

建立与粉丝互动的独特方式，如问答、挑战、投票等。互动是建立粉丝群体的重要手段，有创意的互动方式可以增加粉丝的参与度和忠诚度。

（五）个人品牌

如果你本人就是视频的一部分，那么建立个人品牌也非常重要。个人品牌的塑造需要从个人形象、专业知识、人格魅力等方面进行包装。鲜明的个人品牌可以让你在竞争中脱颖而出，也是你建立长期粉丝群体的关键。

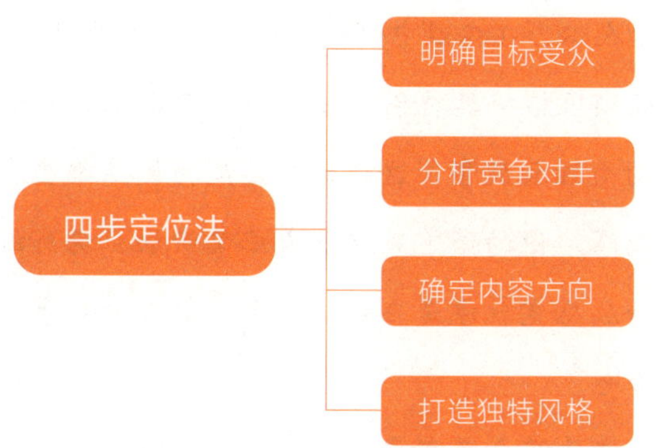

某著名的星座博主，以其独到的星座解读和鲜明的个性化风格，在短视频平台上赢得了极高的人气。他的账号定位策略，值得每一位内容创作者学习。

这位博主的账号定位非常精准。他明确自己的目标受众是对星座充满好奇和兴趣的年轻人，特别是那些希望通过星座知识来增进自我了解、探索人际关系的群体。他的内容策略非常丰富，不仅包括每日、每周、每月的星座运势更新，还涉及星座性格的深度分析、星座之间的配对建议，以及更为深入的星座心理学等多元化话题，全方位满足了不同用户的需求。

在内容创作上，他巧妙地将星座知识与年轻人的实际生活紧密结合，用幽默风趣的语言和贴近生活的例子，让原本抽象复杂的星座理论变得生动和易于理解。他的视频中常常包含自己的个人经历和深刻感悟，这种真诚的情感表达，让博主的形象更加贴近人心，在粉丝中引起了强烈的情感共鸣。

他的视频风格极具特色，每一个星座在他的解说下都被赋予了独特的个性和故事，这让每个星座的粉丝都能在其中产生共鸣和归属感。他的语言风格既专业又亲切，既有深度又不失温度，让粉丝感觉就像是在聆听一个老朋友的故事，而不是单向的信息传递。

此外，这位博主非常重视与粉丝之间的互动。他经常在视频下方回复粉丝的评论，认真解答他们的疑问，甚至根据粉丝的反馈来调整自己的内容方向。这种高度的互动性和对粉丝意见的重视，不仅让他与粉丝之间建立了深厚的情感联系，也让他的账号始终保持着高度的关注度和影响力。

通过“四步定位法”，你就可以为自己的短视频账号找到精准的定位，从而吸引目标受众、提升品牌知名度、增加流量和实现变现。但最初的定位只是短视频成功的起点，而非终点。随着市场的变化和个人品牌的发展，你的定位可能需要不断进行调整和优化。所以，不要害怕改变，要敢于尝试新的内容和形式，找到最适合自己的定位。

加速短视频赚钱的十大高效工具

要想在短视频的大海中乘风破浪，单靠创意和热情还不够，你还需要一些高效的工具来加速赚钱的速度。无论是提升制作效率，还是优化内容质量，或是深入分析数据，这些工具都能助你一臂之力。接下来，就让我们一起探索那些能让你的短视频创作事半功倍的十大高效工具吧！

一、手机剪辑工具

在短视频创作中，手机剪辑工具以其便捷性和易用性成了创作者的首选。这些工具让视频剪辑变得简单，还提供了丰富的特效和滤镜，只用手机也能制作出专业级别的视频。“剪映”是一款非常受欢迎的手机剪辑软件，它提供了丰富的视频模板、特效、滤镜以及音乐库，用户可以直接在手机上完成剪辑、调色、添加字幕等操作。此外，“剪映”还支持图层编辑，可以添加多个视频或图片，进行更复杂的创作。“快剪辑”则以其简洁的操作界面和高效的剪辑功能著称，支持一键分享到各大社交平台，非常适合快速制作和分享短视频。

二、音频处理工具

音频是短视频的灵魂，好的音频处理工具能够让视频更加生动。“风云音频处理大师”提供了音频剪辑、混音、降噪等功能，用户可以轻松调整音频的音量、速度，甚至可以进行音频的变声处理。“迅捷音频转换器”则是一款功能全面的音频编辑软件，除了基本的剪辑和混音功能外，还支持多种音频格式的转换，可以满足不同场景的需求。

三、字幕工具

字幕是提升视频专业性的重要元素，尤其是在教学或解说视频中。“字幕宝”提供了简单易用的字幕添加功能，用户可以自定义字幕的样式、颜色、字体等，还可以调整字幕的播放速度和时间。“Aegisub”则是一款更为专业的字幕编辑软件，支持多种字幕格式，适合制作复杂的字幕效果，如动态字幕、多层次字幕等。

四、动画制作工具

动画能够为视频增添趣味性和视觉冲击力。“皮影客”是一款简单易用的动画制作软件，可以提供丰富的动画模板和角色，用户可以通过拖拽的方式快速制作动画。“优动漫”则更适合有一定动画制作基础的用户，它提供了更多的动画制作工具和功能，如骨骼动画、路径动画等，可以制作更加专业和个性化的动画效果。

五、文案灵感工具

好的文案能够让视频更吸引人。“文案狗”提供了大量的文案模板和创意灵感，用户可以根据视频的主题和风格，快速找到合适的文案。“梅花网”则提供了更加专业的文案服务，包括文案策划、写作、优化等，适合需要高质量文案的用户。

六、图片素材库

高质量的图片能够提升视频的视觉效果。“觅知网”提供了大量高质量的图片素材，涵盖各种风格和主题，用户可以根据需要下载使用。“千图网”提供了丰富的图片资源，包括背景、图标、模板等，适合各种视频制作的需求。

七、视频素材库

视频素材能够丰富视频内容，提升视频的专业度。“VJ 师”提供了大量免费的视频素材，包括动画背景、特效、转场等，用户可以直接下载使用。“潮点视频”则提供了更加专业的视频素材服务，包括实拍视频、3D 动画、AE 模板等，适合需要高质量视频素材的用户。

八、配音工具

配音是视频制作中的重要环节，好的配音能够让视频更加生动。“讯飞快读”是一款功能强大的配音软件，支持多种音色、语速、语调的选择，用户可以根据自己的需求，快速制作出满意的配音。“百度语音广播开放平台”则提供了更加专业的配音服务，包括语音合成、语音识别、语音评测等，适合需要高质量配音的用户。

九、免费音乐库

背景音乐是视频制作中不可或缺的元素，好的背景音乐能够提升视频的感染力。“MUSOPEN”提供了大量免费的古典音乐资源，用户可以合法使用这些音乐作为视频的背景音乐。“爱给网”则提供了更加丰富的免费音乐资源，包括各种风格的音乐、音效、配乐等，满足各种视频制作的需求。

十、数据分析工具

数据分析是优化视频内容和营销策略的重要手段。“飞瓜数据”提供了详细的数据分析服务，包括视频观看数据、粉丝行为分析等，帮助用户优化视频内容和提高视频的传播效果。“卡思数据”则提供了更加全面的数据分析服务，包括视频内容分析、用户画像分析、市场趋势分析等，帮助用户深入了解视频的传播效果和市场反馈，制定更加有效的营销策略。

以上这 10 种工具覆盖了短视频制作的各个环节，从前期的创意、素材收集，到后期的剪辑、特效、配音，再到发布后的数据分析，为短视频创作者提供了全方位的支持。选择合适的工具，结合自己的需求和特点，可以大大提高制作效率，提升视频质量。

当然，在使用这些工具时，还要注意版权问题，一定要选择正版、授权的资源。同时，工具只是辅助，最关键的还是内容的创意和质量。多花心思在内容创作上，用好工具，你的短视频就能在众多作品中脱颖而出，实现你的赚钱梦想。

直播带货：一台手机，在线赚钱

第六章

直播卖货，不只是喊“买它”

直播带货是当下最火的在家赚钱方式之一。你可能会想，不就是开个直播，然后对着镜头喊“买它买它”吗，有什么难的？其实，这里面的学问可大了。

直播卖货不仅仅是一种销售方式，更提供了一种全新的销售体验。你坐在家里，通过手机屏幕，就能把商品展示给成千上万的粉丝，这不比传统的店铺销售来得更直接、更高效吗？而且，直播带货还能进行实时互动，你可以及时回答粉丝的问题，这种即时性，是传统电商无法比的。

那么，怎样才能做好直播带货呢？我们可以从下面 5 个方面入手。

一、了解你的商品

首先，你要对自己的商品了如指掌，不仅要知道商品的名称和价格，更要了解商品的特点、优势，甚至要掌握一些专业知识。比如，卖一款护肤品，你不仅要知道它的品牌背景，还要了解它的成分、适用肤质、使用方法以及可能的效果。这样，在直播的时候，你才能自信地向粉丝做出介绍，让粉丝感受到你的专业和可靠。

要想做到对自己的商品了如指掌，要做好以下功课。

（一）深入研究

在直播前，深入研究商品信息，包括产品手册、官方网站、用户评价等。

（二）试用体验

亲自试用产品，分享真实的使用感受。

（三）专业知识

学习相关领域的知识，如美妆、健康等，提升自己的专业度。

二、打造个人风格

直播卖货，个人风格很重要。你是走亲民路线，还是专业路线？是幽默风趣，还是严肃认真？这都要根据你的性格和商品特点来决定。比如，如果你卖的是高端化妆品，你就要展现出你的专业性和品味；而如果你卖的是休闲零食，那么亲民和幽默的风格更能吸引粉丝。一旦确定了风格，就要保持一致，这样粉丝才能记住你。

具体做法：

（一）自我认知

分析自己的性格特点和优势，确定适合自己的直播风格。

（二）品牌定位

根据商品特性和目标受众，定位自己的直播品牌。

（三）形象塑造

设计合适的服装、发型和妆容，保持直播形象的一致性。

三、互动是关键

直播的最大优势就是可以进行实时互动。粉丝提出的问题，你要做出快速回应；粉丝的需求，你要尽量满足。比如，有粉丝问："这款衣服有没有其他颜色？"你要立刻回答："当然有，除了展示的蓝色外，还有白色和黑色供您选择。"这样，粉丝才会感到被重视，才会更愿意下单购买。

具体做法：

（一）准备回答

提前准备一些粉丝可能会提出的问题及答案，以便做出快速回应。

（二）鼓励互动

设置问答、投票等环节，鼓励粉丝参与互动。

（三）实时反馈

对粉丝的评论和反馈要给予及时的回应和感谢。

四、注重细节

在直播卖货中，细节决定成败。从直播的环境布置，到商品的摆放，再到你的穿着打扮，这些都会影响粉丝的购买决策。比如，直播背景要干净整洁，不要有太多的杂物干扰粉丝视线；商品要摆放有序，让粉丝一眼就能找到自己心仪的商品；你的穿着要得体，既要符合商品定位，又要符合粉丝的审美需求。一个干净整洁的环境，一个专业得体的形象，都是加分项。

具体做法：

（一）环境布置

选择一个光线充足、背景整洁的地方作为直播场所。

（二）商品展示

确保商品摆放有序，展示清晰，让粉丝一目了然。

（三）专业形象

着装专业，保持整洁的外表，符合直播内容的风格。

五、诚信经营

最后，诚信经营是根本。不要夸大其词，不要虚假宣传。一旦失去了粉丝的信任，一切都无从谈起。比如，卖保健品时，你不能夸大其功效，而应该实事求是地介绍其作用和适用人群。只有真诚地对待每一位粉丝，你的直播带货之路才能走得更远。

具体做法：

（一）真实介绍

如实地介绍商品信息，不夸大其效果和功能。

（二）诚信推荐

只推荐自己真正信任和使用过的产品。

（三）透明沟通

对于商品的局限性和注意事项，也要向粉丝说明。

如今，很多人特别看重身材和颜值，在这方面，晓芸一直觉得自己是个被忽视的角落。她的身材偏胖，这让她在职场上经常遭遇不公的待遇。同事们的窃笑、上司的无视，让她的心情像秋天的落叶一样，随风飘摇。晓芸渴望被认可，渴望有一个能够展示自己才华的舞台。

终于有一天，晓芸决定辞职，她不想让自己的生活再被他人的目光所左右。在家的日子里，她无所事事，一次偶然刷手机时，她看到了直播带货。她注意到直播时有些主播并不露脸，而是用手播的方式展示商品，这让晓芸眼前一亮，她觉得自己也可以尝试。

于是，晓芸开始了自己的直播带货之路，她选择了自己熟悉的大码服装作为切入点。起初，她只是默默地展示衣服的质感、款式和搭配，并不抛头露面，只用专业知识和真诚的态度去吸引粉丝。她根据自己平时的穿搭经验，挑选出既舒适又时尚的大码服装。慢慢地，直播间的粉丝开始多了起来，她们喜欢晓芸挑选的衣服，更喜欢她那种不张扬、真诚推荐的风格。

晓芸的自信心也逐渐增强，她开始尝试出镜，亲自试穿并展示效果。当她第一次面对镜头，展示自己精心挑选的服装时，她发现，原来自己也可以做到这么自信。通过一场又一场的直播，她的技能越来越熟练，她的身材、她的笑容、她的自信，成了她直播间的新名片。

随着晓芸的出镜，她的直播间迎来了更多的关注。粉丝们不仅被她挑选的服装所吸引，更被她的个性和魅力所打动。晓芸用自己的经历告诉每个人，无论身材如何，都有追求美和时尚的权利。

晓芸的自信和坚持，让她的直播间成了大码女性一个温馨的家。在这里，她们可以自由地表达自己的感受，可以找到属于自己的风格，可以感受到被尊重和理解。晓芸的直播间变得越来越热闹，她用自己的故事和商品给无数女性带去了自信和希望。她不再是那个在职场上默默无闻的小角色，而是成了一个能够给予他人力量的主播。

直播卖货不仅仅是你在家赚钱的一种方式，更是你展示自我、实现价值的舞台。在这里，你可以用你的专业知识帮助别人，用你的真诚态度打动人心，用你的不懈努力赢得尊重。在这里，你不是一个人在战斗，因为还有千千万万的粉丝在屏幕的另一端，期待着与你相遇，期待着从你这里找到他们需要的商品，也期待着你带给他们不一样的购物体验。

选择适合你的“直播战场”和“武器”

在直播带货这个充满竞争的市场中，选择一个合适的直播平台和一套得心应手的设备，就如同古代武将选择自己的主战场和利剑一样重要。这不仅关乎你的直播效果，更关乎你的战场表现和最终的战果——销售业绩。下面，我们就来深入探讨如何选择你的“直播战场”和“武器”。

一、挑选直播平台

随着网络发展，现在直播带货的平台有很多。选平台，就好比打仗选战场，要选择对自己有利的地形。选对了，那就能事半功倍。

（一）分析平台特性

不同的平台，用户群体和偏好也不同。比如，你要是卖化妆品，那就选择年轻女性用户多的平台。你要是卖农产品，那就选择满足生活需求的综合性平台。所以，先分析平台特性，看看哪个平台的用户最可能买你的账。

1. 淘宝直播：以购物为主，用户边看直播边购物的习惯已经形成，适合有实体商品的卖家。

2. 抖音：年轻化，娱乐性强，如果你的产品或个人魅力能够吸引年轻人，这里是个好选择。

3. 快手：用户群体广泛，接地气，如果你的产品或内容贴近普通人生活，这里可能更适合你。

4. B站：二次元文化起家，如果你的产品或内容与年轻人的次文化相关，这里是个不错的选择。

5. 微信视频号直播：依托微信庞大的用户基础，如果你的粉丝主要是微信用户，这里可以无缝对接你的私域流量。

（二）考虑平台规则

每个平台都有自己的规则，有的对新手友好，有的对大V倾斜。了解清楚这些规则，避免因为不懂规则而吃亏。

1. 新手友好型：一些平台为了吸引新主播，会提供流量扶持，比如初期的流量倾斜，或者新手指导等。

2. 大V倾斜型：有的平台更倾向于扶持已有一定粉丝基础的大V，而新手可能需要更多的努力才能获得关注。

（三）测试平台效果

刚开始，你可能还不确定哪个平台最适合自己。这时候，可以多做尝试，看看哪个平台的反馈最好，粉丝的互动最积极。毕竟实践出真知。

1. 小范围测试：在几个不同的平台进行小规模的直播，观察哪个平台的粉丝反响最好。

2. 数据分析：利用平台提供的数据分析工具，了解粉丝的行为，比如观看时长、互动频率等。

二、选择直播设备

直播设备，就是你的“武器”。武器趁手，打起仗来才能得心应手。那么，有哪些直播设备需要挑选？怎样选？

（一）手机

直播的心脏是什么？没错，就是手机。现在的智能手机，功能强大，拍照、录像都不在话下。选个像素高、性能稳定的手机，是直播的基础。如果条件允许，还可以考虑专业的直播手机，它们通常装有更好的摄像头，具有稳定的直播性能。

（二）网络

直播最怕什么？卡顿！所以，一个稳定的网络环境是必须的。家里宽带要够快，如果是 4G 或 5G 直播，那信号就要选个满格的。

1. 有线宽带：推荐使用 100Mbps 以上的宽带，确保直播过程中网络稳定。

2. 移动网络：选择信号强、覆盖广的运营商，考虑办理不限量流量套餐，以免直播时流量不足。

（三）麦克风

声音清晰，粉丝才能听得舒服。一个质量好的麦克风，可以有效降噪，让你的声音更清晰。

1. 蓝牙麦克风：适合需要移动直播的场合，可以提供清晰的无线音频传输。

2. 有线麦克风：音质稳定，适合固定位置的直播。

（四）补光灯

直播时，光线很重要。自然光最好，但室内直播要靠补光灯。一个好的补光灯，能让你的直播间亮堂堂，商品展示也更清楚。

1. 环形补光灯：适合面部特写，打造均匀光线，适合美妆或个人展示类直播。

2. LED 面板灯：光线柔和，适合全身展示或较大范围的照明。

（五）其他辅助设备

根据你的直播内容，准备相应的辅助设备。比如，如果你卖衣服，需要凭借衣架进行展示；如果是美食直播，就需要有好看的盘子。

1. 三脚架：稳定的画面，能给粉丝带来更好的观看体验。

一个稳当的三脚架，能让你的手机或相机保持稳定，画面不晃。

2. 装饰品：如背景布或植物，可以增加直播背景的趣味性，吸引粉丝注意。

3. 计时器：控制直播节奏，提醒自己每个环节所用的时间。

小李是一位新晋的运动鞋带货主播，拥有一家小型运动鞋网店，他一直梦想着通过直播让更多人穿上他精选的舒适鞋款。为了找到最适合自己的直播平台，小李开始了一段探索之旅。

小李开始在各大直播平台上尝试直播，从淘宝直播到快手，再到B站，他一一做了尝试，记录下每个平台的粉丝反馈和直播效果。淘宝直播的商业氛围浓厚，但竞争激烈；快手的用户黏性高，但似乎更适合快消品；B站的用户群体年轻，但运动鞋的受众并不完全匹配。

经过深思熟虑，小李最终选择了抖音作为他的直播战场。抖音的用户群体年轻、活跃，喜欢追求新鲜事物，这与他的运动鞋品牌定位不谋而合。而且，抖音的推荐算法能够让他的内容快速触达潜在的消费者。

选好了战场，小李开始精心挑选他的“武器”。他知道，要在这个竞争激烈的市场中胜出，必须有一套能够完美展示产品特点的直播设备。

首先，小李选择了一款高清摄像头的手机，确保直播画面的清晰度。他知道，运动鞋的细节展示对消费者来说至关重要。接着，他投资置办了一个专业的环形补光灯，让直播时的光线更加柔和，色彩更加真实。

为了提升直播的音质，小李购买了一款性能出色的蓝牙麦克风。他还在直播间里布置了一个小型的跑步机，实时展示运动鞋的舒适度和耐用性。

一切准备就绪，小李在抖音上开启了他的直播带货之旅。他的直播内容既有专业的产品介绍，也有活泼的互动环节。他用自己的热情和专业知识，吸引了一批又一批的粉丝。

选择适合自己的直播平台和设备，就像战士磨利了剑，农民播下了种，接下来的战斗和收获，还需要你用智慧、勇气和坚持去争取。装备好你的“武器”，踏上你的“战场”，用你的专业和真诚去赢得粉丝的心。直播带货的路上，充满未知和可能，愿你能够披荆斩棘，收获满满。

直播带货的五种模式与引流策略

当你打开直播间，站在镜头前时，你的每一次互动，每一次产品展示，都有可能转化为粉丝的购买行为。但在竞争激烈的直播带货领域，如何让你的直播间人气爆棚，成为众人瞩目的焦点呢？这就要靠精心策划的直播模式和巧妙的引流策略了。

一、互动体验式

互动体验式直播带货，重点在于打造一个互动性强的购物体验。比如卖服装的主播，可以实时试穿新品，展示不同搭配效果，让顾客有一种置身试衣间的感觉。

引流策略

1. 互动游戏：设计一些互动小游戏，如猜价格、答题领奖等，让顾客在参与的同时，增加对产品的了解。

2. 限时优惠：设置直播间专属的限时优惠，吸引顾客在短时间内做出购买决策。

3. 粉丝互动：鼓励粉丝在直播间留言，对积极互动的粉丝给予小礼品或优惠券。

二、专业解说式

专业解说式直播带货，适合对某一领域有深入了解的主播。例如，卖数码产品的主播可以深入讲解产品技术参数，分享行业动态。

引流策略

1. 知识分享：定期分享行业知识，建立专业权威形象，吸引对该领域感兴趣的顾客。

2. 问题解答：直播中设置 Q&A 环节，解答顾客疑问，提升信任感。

3. 技术对比：展示产品与其他竞品的对比，突出自家商品的优势。

三、情感共鸣式

情感共鸣式直播带货，通过讲述故事、分享经验，与顾客建立情感连接。比如卖母婴产品的主播，可以分享自己的育儿经验，推荐实用好物。

引流策略

1. 情感故事：用真实感人的故事吸引粉丝，让他们在情感上产生共鸣。

2. 用户见证：展示真实粉丝的使用反馈，增强产品的可信度。

3. 亲子互动：如果是母婴产品，可以邀请宝妈一起参与直播，增加亲和力。

四、故事讲述式

故事讲述式直播带货，通过讲述产品背后的故事来吸引顾客。比如卖茶叶的主播，可以讲述茶叶的产地历史、制作工艺等。

引流策略

1. 文化背景：深入挖掘产品背后的文化和故事，提升产品的文化价值。

2. 现场体验：如果条件允许，可以进行现场采摘、制作过程的直播，增加真实感。

3. 名人效应：邀请知名人士或行业专家参与直播，借助名人效应吸引流量。

五、场景模拟式

场景模拟式直播带货，通过模拟产品使用场景，让顾客直观感受产品的实用性。比如卖家居用品的主播，可以在一个布置好的家居环境中展示产品。

引流策略

1. 场景设计：精心设计直播场景，使其贴近顾客的生活，增强代入感。

2. 角色扮演：主播可以扮演某种角色，如家庭主妇、旅行者等，根据不同角色的需求推荐产品。

3. 生活小贴士：分享相关的生活小知识或小贴士，提升直播内容的实用性。

六、全面引流

除了上述针对不同直播带货模式的引流策略外，还有一些通用的引流技巧：

1. 社交媒体预热：在直播前通过微博、视频号、抖音等社交媒体平台进行预热，吸引粉丝预约直播。

2. 跨平台推广：在多个平台上直播，扩大覆盖范围。

3. 合作联动：与其他主播或品牌合作，进行跨界联动，互相引流。

4. 优化直播标签：使用热门标签和关键词，提高直播间在平台上的搜索排名。

5. 优质内容：保证直播内容的质量，避免空洞无物，让顾客看了有收获。

6. 粉丝维护：定期与粉丝互动，了解他们的需求，提升粉丝忠诚度。

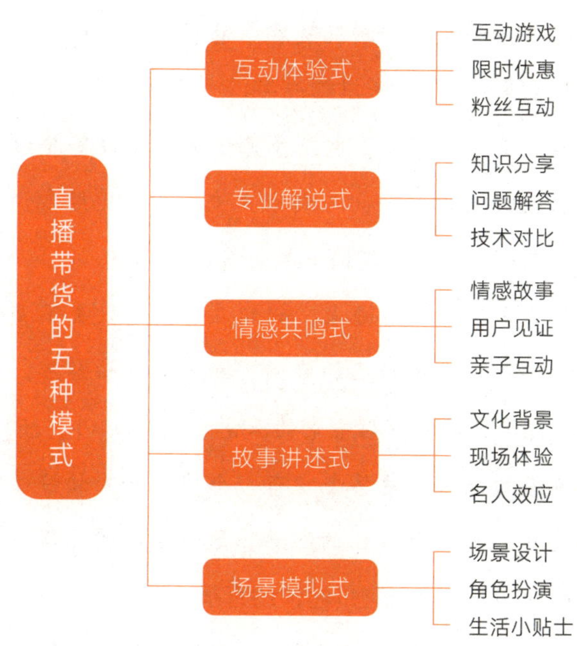

姗姗爱读书，她相信书籍有着温暖人心、启迪智慧的力量。因此，她决定将自己的爱好与直播结合，带领粉丝们一起在书海中遨游。

每个星期，姗姗都会在社交媒体上发布预告，告诉粉丝们下周将要共读的书籍。她精心挑选的书籍涵盖了文学、历史、哲学等多个领域，旨在满足不同粉丝的阅读口味。

直播开始时，姗姗总是以一段精彩的书摘吸引大家的注意。她的声音温和而富有感染力，仿佛能够穿透屏幕，直击人心。在她的引领下，粉丝们渐渐沉浸在书的世界里，感受着作者的情感和智慧。

姗姗不仅是个分享者，也是个倾听者。她鼓励粉丝们在聊天区发表自己读书的体会，与大家交流心得。她经常说："每个人心中都有一本书，让我们一起来发现它。"

为了让更多的人参与进来，姗姗在直播中设置了互动提问环节。粉丝们可以提出自己的疑问，姗姗会耐心解答，有时还会邀请粉丝连麦，共同探讨书中的深意。

每当直播结束时，她总会宣布一个优惠码，让粉丝们能够以更优惠的价格购买到心仪的书籍。这个小小的惊喜，总能激发粉丝们的购买热情。

在直播的最后，姗姗总会留下悬念，预告下一期读书会的内容，让粉丝们充满期待。她还建立了一个读书社群，即使直播结束，大家也能在社群中继续交流，分享阅读的乐趣。

姗姗的直播间，就像一盏温暖的灯塔，吸引着那些在快节奏生活中渴望片刻宁静的人们。在这里，他们感受到了知识的力量，也找到了心灵的慰藉。而姗姗，也用她的真诚和热情，书写了一个关于知识与爱的故事。

成功从不会无缘无故地降临，它需要策略、需要技巧，更需要你对每一位粉丝的真诚与热情。希望你也能找到适合自己的直播模式，制定出高效的引流策略，让你的直播间成为粉丝心中的购物天堂。

让顾客疯狂下单的秘诀

你是否发现，有些主播似乎拥有魔力，能够轻易地让顾客疯狂下单。其实，这背后的秘诀很大程度上在于他们运用了精心设计的话术。话术，就是主播与顾客沟通的艺术，它能够引导顾客的情绪，激发他们的购买欲望。

一、互动话术：建立连接

直播带货的核心在于互动，通过互动话术可以建立起主播与粉丝之间的连接，让粉丝感受到参与的价值。

（一）提问式互动

提问是最简单的互动方式，可以引导粉丝参与讨论，增加直播的互动性。通过提问，你可以了解粉丝的需求和偏好，从而更好地推荐产品。

“家人们，你们是不是也觉得这款口红超级显白？快在评论区告诉我你们的想法吧！”

“如果你正在寻找一款适合夏天的清爽乳液，这款产品绝对值得一试。告诉我，你们夏天最关心的护肤问题是什么？”

（二）选择式互动

提供选项可以让粉丝感觉到他们的意见被重视，同时也能引导他们更深入地参与直播。选择式互动还能增加粉丝的决策参与感，让他们更倾向于下单。

“想要这款护肤品的宝宝们，觉得它性价比高的扣1，觉得包装精美的扣2。”

“宝宝们，你们是更喜欢这款衣服的红色款还是蓝色款？红色扣1，蓝色扣2。我将根据大家的投票来决定我们今晚的主推款。”

二、信任话术：建立信赖

信任是成交的基础。通过信任话术，可以让顾客相信你推荐的产品是值得信赖的。

（一）亲身体验

分享个人使用体验可以快速建立信任，因为粉丝更容易相信他人的使用感受。当你展示自己对产品的真实体验时，粉丝会感受到你的真诚和专业。

“这款洗发水，我自己已经用了一个月了，它让我的头发变得更加柔顺。你们看我的头发，是不是光泽感十足？在这里，我真心推荐给大家。”

“这款面膜我每周都会用两次，它对我的肌肤改善真的很明显。你们看，我的肌肤是不是更加紧致有弹性了？”

（二）第三方背书

利用第三方的评价或推荐，如网红、专家、销量等，可以增强产品的可信度。当粉丝看到其他人，尤其是他们信任的人也在推荐这款产品时，他们更容易产生信任感。

“这款产品在网上已经卖出了超过 10 万件，而且好评率高达 98%。这说明它的效果是经过市场检验的。”

“连美妆博主小美都推荐过这款产品，她说这是她用过的最好的遮瑕膏。小美对产品的挑剔是出了名的，能得到她的推荐，说明这款产品确实有独到之处。”

三、紧迫话术：刺激购买

紧迫感可以激发粉丝的购买欲望，让他们感觉到如果不立即采取行动就会错失良机。

（一）限时限量

通过限制优惠的时间和数量，可以制造紧迫感，促使粉丝快速做出决定。限时限量的策略可以让粉丝感觉到机会的稀缺性，从而增加他们的购买紧迫感。

“家人们，注意了，这款产品我们只提供今晚的直播特价，错过就没有了哦！想要的宝宝们要抓紧时间下单哦！”

“只剩下最后 10 件了，想要的宝宝们要抓紧时间下单哦！手快有手慢无，错过今天，你可能就要以更高的价格购买了！”

（二）倒计时

使用倒计时可以加强紧迫感，让粉丝感觉到时间的流逝，增加购买的急迫性。倒计时是一种非常有效的心理技巧，可以让粉丝的注意力高度集中，从而提高转化率。

“我们距离优惠结束还有 5 分钟，5、4、3、2、1，抓紧时间哦！错过这个时间点，优惠就不再有了！”

“亲们，优惠只剩下最后2分钟，赶紧下单，错过就没有这个价格了！2分钟，足够你决定带走这款心仪的产品了！”

四、利益话术：突出价值

利益话术可以帮助粉丝明确购买产品能为他们带来的好处，提升产品的吸引力。

（一）产品优势

突出产品的独特优势和卖点，让粉丝感受到产品的价值。当粉丝认识到产品的独特价值时，他们更容易被说服下单。

“这款榨汁机操作简便，清洗起来也非常容易，绝对是健康生活的好帮手。每天早上只需几分钟，就能为自己和家人准备一杯新鲜的果蔬汁，多么惬意啊！”

“这件衣服采用了最优质的面料，舒适耐穿，是您衣橱里的必备单品。它的剪裁非常合身，可以完美展现你的身材，让你在任何场合都自信满满。”

（二）价格优势

展示产品的价格优势，让粉丝感觉到性价比高，买到就是赚到。价格优势是影响粉丝购买决策的重要因素，尤其是对于价格敏感的消费者。

“市面上同等品质的空气炸锅至少要300元，而我们今晚的直播特价只要199元，真的是非常划算。想想看，你只需要一顿外出就餐的钱，就能拥有一个每天都能用到的健康生活小帮手。”

“这款手表在专卖店要卖到1000元以上，而在我们直播间，您只需要一半的价格就能拥有它。这样的优惠，只有在今晚的直播中才能享受到。抓住机会，给自己一个惊喜吧！”

五、情感话术：打动人心

情感是影响人们决策的重要因素。通过情感话术，可以打动粉丝的内心，激发他们的购买欲望。

（一）共鸣体验

分享与产品相关的感人故事或个人经历，与粉丝建立情感共鸣。情感共鸣可以增强粉丝对产品的认同感，从而促进购买。

“我还记得我妈妈第一次收到我送她的这款护手霜时，她脸上的笑容，那是我最深的记忆，它的香味让我回想起和妈妈一起度过的美好时光。”

“在我多次的旅行中，都有这款相机陪伴，它记录下了我和家人的每一个美好瞬间。每一次翻看这些照片，都能感受到满满的幸福和温馨。我相信，它也能帮助你们记录下生活中的美好。”

（二）情感寄托

将产品作为情感寄托的载体，让粉丝感受到购买产品不仅仅是交易，更是情感的传递。情感寄托可以增加产品的附加价值，让粉丝感觉到产品的情感意义。

“这款项链如同一份爱的承诺，把它送给你心爱的她，让她感受到你的心意。想象一下，当她收到这份礼物时，眼中闪烁的幸福光芒，那是无价的。”

“每个父亲节，我都会选择这款剃须刀作为礼物，因为我知道这是爸爸每天都会用到的东西，它承载着我对他的尊重和爱。我相信，每一位父亲都会珍惜这份来自孩子的礼物。”

通过精心设计的话术，我们可以引导顾客的情绪，激发他们的购买欲望，最终实现疯狂下单。当然，只有真正从顾客的需求出发，才能打动他们的心。直播带货是一场与粉丝的互动交流，享受这个过程，让粉丝感受到你的激情和真诚，才是真正让顾客疯狂下单的秘诀。

AI 赚钱：抓住风口，鱼跃龙门

第七章

零技术也能通过 AI 赚钱

AI（人工智能）听起来似乎是一个高深莫测的词汇，总让人感觉遥不可及。但实际上，AI 早已悄悄走进了我们的生活，帮助我们提高工作效率，成为在家赚钱的得力助手。

一、AI 到底是什么？

AI，简单来说，就是让机器模拟人类智能的技术。它可以通过学习人类的行为和思维方式，来执行各种任务，甚至在某些领域可以超越人类的能力。比如，AI 可以快速分析大量数据，找出其中的规律和趋势，这是人类很难做到的。

二、AI 具体都能做什么？

AI 的应用范围非常广泛，它可以帮助我们做很多事情。

AI 就像是一个多功能的超级助手，可以让我们的生活和工作变得更加轻松和高效：

（一）数据分析

如果你是一位网店老板，AI 可以帮助你分析顾客的购物习惯，比如他们最喜欢在什么时间购物，最喜欢买哪些商品。这样你就可以根据这些信息来调整库存，或者在特定时间推出促销活动，吸引更多顾客。

（二）语音识别

你有没有用过手机里的语音输入法？对着手机说话，它就能自动转换成文字。这就是 AI 的语音识别功能。在家里办公时，如果不想打字，直接用语音输入，既快捷又方便。

（三）图像识别

AI 可以帮助你识别照片中的内容，比如识别照片中的人脸，自动为照片分类。这样，当你想在网络上的海量照片中找到自己需要的照片时，就变得非常简单。

（四）自然语言处理

在网上购物时，有没有遇到过智能客服？它们能够理解你的问题，并给出合适的答案。这就是 AI 的自然语言处理能力。在家里，如果你需要写文章或者文案，AI 可以帮助你校对语法，甚至提供写作建议。

三、AI 如何帮助提高工作效率?

对于在家赚钱的我们来说，AI 可以成为一个很好的帮手。

（一）自动化办公

AI 可以帮助我们自动完成一些重复的工作，比如数据录入、文件分类等，让我们有更多时间专注于创造性工作。

（二）智能日程管理

AI 可以帮助我们规划日程，提醒我们重要的会议和截止日期，避免遗忘和延误。

（三）写作辅助

AI 可以帮助我们检查文档中的语法错误，甚至提供写作建议，提高写作质量和效率。

（四）客户服务

AI 可以通过聊天机器人提供 24 小时的客户咨询服务，解答客户疑问，提高服务质量。

四、如何零技术通过 AI 赚钱?

即使你没有技术背景，也可以通过 AI 赚钱。以下是一些简单易行的方法：

（一）使用 AI 工具

市面上有很多 AI 工具，比如智能写作软件、数据分析工具等，你可以直接使用这些工具来提高工作效率，减少人力成本。

（二）参与 AI 项目

有些公司会将一些 AI 相关的任务外包出去，比如数据标注、语音录制等，这些工作不需要专业技能，任何人都可以参与，你可以通过完成任务获得收入。

（三）AI 教育

你可以学习一些 AI 的基础知识，然后通过教学或咨询服务来赚钱。随着 AI 技术的普及，越来越多的人希望了解和学习 AI，这就是一个市场。

（四）内容创作

利用 AI 工具创作内容，比如使用 AI 生成的文章或视频，发布在自己的平台上，通过广告或会员制赚钱。AI 可以帮助你快速生成大量内容，降低创作成本。

帅帅一直对写作充满热情，但总是觉得自己的写作技能平平，每次在自媒体平台上发表的文章，阅读量寥寥无几，偶尔的收入也只是亲朋好友的友情打赏。他的文章总是缺乏吸引力，语言不够生动，内容也不够深入，这让他感到十分沮丧。

一次偶然的机会，帅帅了解到了 AI 写作助手。起初，他半信半疑，但还是决定尝试一下。他输入了自己对“都市生活节奏”的一些粗略想法，AI 写作助手很快就生成了一篇结构完整、语言流畅的文章。帅帅被 AI 的能力震惊了，他稍做修改，便将文章发表在了自己的自媒体账号上。

出乎意料的是，这篇文章迅速获得了读者的好评，阅读量和转发量激增，连打赏的金额也比平时多了不少。帅帅意识到，AI 写作助手不仅提高了他的写作效率，还大大提升了文章的质量。

帅帅开始尝试 AI 写作助手的更多功能。他发现，AI 不仅能帮助生成文章，还能提供配图建议。每次写完文章，帅帅都会根据 AI 提供的图片选项，精心挑选与内容相匹配的图片，使文章更加生动有趣。

更令人惊喜的是，随着 AI 技术的不断进步，帅帅发现连修改和润色的工作也可以交给 AI 来完成。AI 能够根据文章的风格和内容，提出合理的修改建议，使文章更加贴近读者的需求。

帅帅的文章屡屡成为热门，收入也水涨船高。最终，他决定辞去原有的工作，全身心投入到自媒体创作中。在家工作的他，依靠 AI 的帮助，不仅能够高效地产出优质内容，还有了更多的时间来思考和规划自己的写作方向。

AI 并不是只有技术人员才能玩得转的，普通人也能通过 AI 提高工作效率，甚至开辟新的赚钱途径。关键在于你是否愿意尝试和学习，让 AI 成为你的助手，而不是对手。

快速掌握 AI 应用的技巧

AI 技术日趋成熟，现在我们普通人也能用它来提升工作效率，甚至还能开辟新的赚钱途径。下面，我将详细介绍一些常用的 AI 工具和它们的具体用途。

一、AI 写作助手

AI 写作助手可以模仿人类的写作方式，帮助我们快速写出文章。这对于需要大量创作内容的人来说，比如自媒体运营者、营销人员等，非常有用。

（一）使用方法

1. 确定主题：告诉 AI 工具你要写什么主题的文章。

2. 选择风格：选择你想要的文章风格，比如是正式的、幽默的，还是用于促销的。

3. 生成内容：AI 工具会根据你提供的信息自动写出一篇

文章。

4. 编辑润色：你再对 AI 写的文章进行修改，让它更符合你的需求。

（二）常用工具

1. 搜狗 AI 写作助手：它可以帮你快速写出文章，还能帮你改写文章，对读者产生更大的吸引力。

2. 百度 AI 写作助手：它可以帮你写出适合网络搜索的文章，提高你的文章在搜索引擎中的排名。

二、AI 图像处理工具

AI 图像处理工具可以对图片进行智能化处理，比如自动去除图片背景、识别图片内容、改变图片风格等。这些工具对于设计师、广告制作人员和电商卖家来说非常有用。

（一）使用方法

1. 上传图片：把需要处理的图片上传到 AI 工具中。

2. 选择功能：选择你需要的功能，比如自动去除图片背景。

3. 调整参数：根据你想要的效果调整 AI 工具的参数。

4. 导出图像：导出处理好的图片。

（二）常用工具

1. 腾讯 AI Lab：它可以帮你识别图片内容，还能帮你改变图片的风格。

2. 阿里巴巴鹿班：专门为电商平台设计，可以帮你快速制作出吸引人的商品图片。

三、AI 数据分析工具

AI 数据分析工具可以帮助我们从大量的数据中找出有用的信息，预测未来的发展趋势。这对于做市场研究和商业决策的人来说帮助很大。

（一）使用方法

1. 数据接入：把数据导入 AI 分析工具，或者通过数据接口把数据连接到工具上。

2. 设定目标：告诉 AI 工具你的分析目标是什么，比如你想分析粉丝的哪些行为。

3. 自动分析：AI 工具会自动分析数据，找出有用的信息。

4. 结果解读：解读 AI 工具给出的分析结果，根据结果做出决策。

（二）常用工具

1. 百度统计：它可以帮你分析网站有多少访客，以及他们在你的网站上做了什么。

2. 神策数据：它可以帮你分析企业的运营数据，并找出拓展业务的方法。

四、AI 语音助手

AI 语音助手能够理解我们说的话，然后帮我们完成一些任务，比如语音输入文字、翻译语言等。

（一）使用方法

1. 激活助手：可以通过说话或者按一个按钮来激活 AI 语音助手。

2. 发出指令：告诉 AI 助手你想让它做什么，比如“明天的天气怎么样”。

3. 识别与执行：AI 助手会识别你说的话，然后帮你完成你提出的任务。

4. 多轮对话：还可以和 AI 助手进行多次对话，让它帮你完成更复杂的任务。

（二）常用工具

科大讯飞输入法：可以用说话的方式输入文字，而且识别率很高，支持很多种方言。

五、AI 客户服务工具

AI 客户服务工具可以 24 小时不间断地提供咨询服务，通过理解客户的问题，给出合适的答案。这对于需要提供客户服务的销售者来说非常有用。

（一）使用方法

1. 系统集成：把 AI 客服系统安装到你的网站、App 或者微信服务号上。

2. 配置知识库：输入一些常见问题的答案，建立 AI 的知识库。

3. 训练机器人：通过让 AI 学习，让它更准确地理解并回答问题。

4. 监控优化：监控 AI 客服的表现，收集客户的反馈，不断改进它的服务质量。

（二）常用工具

1. 环信：它可以提供在线客服和智能机器人客服，适合多种接入方式。

2. 智齿科技：专注于智能客服领域，可以提供机器人客服和全渠道客服系统，帮助客户提高服务效率。

六、AI 视频制作工具

AI 视频制作工具可以帮助我们快速制作视频，包括自动剪辑、添加特效、配音等，非常适合需要制作视频内容的自媒体人、营销人员等。

（一）使用方法

1. 导入素材：把需要用到的视频素材导入到 AI 工具中。

2. 选择模板：选择一个你喜欢的视频模板，比如产品介绍、旅行日记等。

3. 自动编辑：AI 工具会根据你选择的模板和素材自动进行视频编辑。

4. 预览调整：预览编辑后的视频，根据需要进行一些调整。

5. 导出视频：导出制作好的视频，就可以使用了。

（二）常用工具

1. 来画视频：它可以帮你快速制作动画视频，操作简单，适合没有视频制作经验的人。

2. 影谱 AI 视频生成器：它可以根据图片和文字内容自动生成视频，非常适合做产品介绍或者小教程。

随着个性化壁纸需求的日益增长，小余凭借对设计的热爱和对市场敏锐的洞察，决定利用 AI 图像处理工具创业，制作并销售个性化壁纸。

小余首先在社交平台上开展了一项调查，了解潜在客户对壁纸风格和内容的偏好。调查结果显示，自然风光和抽象艺术风格最受欢迎。为了遵守版权法规，他选择了网络上的公版图片，或者自己拍摄的图片。

接着，小余继续用 AI 工具对选定的图片进行智能优化或再创作，使图片更适合作为壁纸。此外，他还通过 AI 工具添加了一些创意元素，如动态效果或简约图案，以提升壁纸的吸引力。

完成壁纸设计后，小余在各大图片分享平台和社交媒体上注册了账号，上传了他的作品，并附上了购买链接。他通过精准的关键词优化和社交媒体营销，吸引了大量粉丝并获得了关注。

为了提高粉丝体验，小余还提供了定制服务，客户可以上传自己喜欢的图片，小余利用 AI 工具，根据客户需求自动生成个性化壁纸。这一服务迅速赢得了市场的好评，小余的生意也蒸蒸日上。

AI 技术并不复杂，只要使用得当，就能成为我们在家赚钱的得力助手。通过不断学习和实践，我们可以逐渐掌握 AI 的使用技巧，至于如何使用它、用它干什么，则取决于你自己的需求。

AI 赚钱的 10 种模式

AI 技术极大地提高了我们的工作效率，并为我们在家赚钱提供了广阔的空间。以下是 10 种利用 AI 技术在家赚钱的模式分析，它们可以帮助你在这个充满机遇的时代找到属于自己的一席之地。

AI 写作与内容创作

AI 写作工具能够模拟人类的写作风格，快速生成高质量的文章。你可以利用这些工具为个人或企业撰写文章、博客或社交媒体帖子。

搜狗 AI 写作助手、百度 AI 写作助手等能够帮助你快速生成高质量的文章。这些工具通常提供多种写作模板和风格选择，可以根据不同的内容需求生成文章。

二、AI 数据标注

AI 技术的发展需要大量经过标注的数据来训练模型。你可以成为数据标注员，为图像、语音等数据添加标签。这项工作通常可以远程完成，适合在家工作的人士。

有许多平台，如百度众测、京东微工等平台都需要数据标注任务。你可以在这些平台上注册成为数据标注员，接受相关的培训和考核。然后，根据分配的任务对图片、语音等数据进行标注，如为图片中的对象打标签，或者校正语音识别系统的转录文本。

三、AI 市场分析

AI 市场分析工具能够帮助你分析社交媒体趋势，为品牌提供市场洞察。你可以利用这些工具为企业提供市场分析服务，帮助他们制定更有效的营销策略。这种服务对于许多希望在竞争激烈的市场中脱颖而出的企业来说，是非常有价值的。

你可以利用 AI 市场分析工具，如 TalkingData、友盟 + 等 App，分析社交媒体趋势和消费者行为，收集和分析市场数据。然后，根据分析结果为企业提供市场趋势报告、竞争对手分析或营销策略建议，帮助他们把握市场机会。

四、AI 教育软件开发

AI 在教育领域的应用越来越广泛。你可以开发或参与开发智能教育软件，如猿辅导、作业帮等，为学生提供个性化的学习体验。这种软件可以根据学生的学习进度和理解能力，自动调整教学内容和难度，帮助他们更高效地学习。

如果你有软件开发的技能，可以参与教育软件的开发工作。如果你擅长教学或教育研究，可以参与教育内容的设计和优化。此外，还可以通过这些平台提供在线辅导。

五、AI 代写服务

AI 代写服务可以满足教师、公务员、大学生等人群的高质量写作需求。无论是发布文章、调研文章、讲话稿还是论文，AI 写作工具都能提供有效的帮助。

通过电商平台、大学生活跃平台和自媒体平台，你可以接触到广泛的客户群体，发布你的代写服务信息。根据客户的需求，使用 AI 写作工具生成文章草稿，然后根据客户反馈进行修改，直至满足客户要求。

六、AI 简历优化

在竞争激烈的求职市场，一份优秀的简历至关重要。利用 AI 工具，你可以为求职者提供简历优化服务，帮助他们提高求职成功率。你可以通过招聘平台了解行业报价，然后根据市场需求提供服务。

你需要了解不同行业的简历要求，使用 AI 工具分析求职者的简历，提出优化建议。然后，帮助求职者修改和完善简历，提高他们的求职成功率。

七、AI 自媒体运营

自媒体平台如抖音、快手、小红书等，为内容创作者提供了广阔的舞台。结合 AI 技术，你可以创作短视频、文案等内容，吸引粉丝关注并实现变现。AI 工具可以帮助你进行脚本创作，生成高质量的视频内容。

选择一个你擅长或感兴趣的领域，如美食、旅行或时尚。然后，利用 AI 工具创作内容，如使用 AI 写作助手生成文案，使用 AI 视频编辑工具制作短视频等。发布内容后，通过吸引粉丝关注以及广告分成、品牌合作或销售商品来实现变现。

八、AI 咨询服务

AI 咨询服务可以涵盖企业管理咨询、升学咨询、就业咨询、职业规划咨询、心理咨询等多个领域。

你可以根据自己的专业背景和兴趣，选择一个细分市场提供咨询服务。例如，如果你对心理学有研究，可以利用 AI 工具提供心理咨询服务，这需要了解 AI 工具的使用方法，并结合你的专业知识来实现。

九、AI 绘画创作

AI 绘画工具可以帮助你创作独特的艺术作品。你可以利用 AI 绘画工具，如百度 AI 绘画、腾讯 AI Lab 等，创作精美的图片，通过在线画廊、社交媒体或电商平台展示和销售你的作品。

随着技术的进步，AI 绘画创作已经成为一个新兴的市场，为艺术家和设计师提供了新的创作空间。

十、提示词撰写

AI 模型的性能在很大程度上取决于提示词的质量，这就需要学习 AI 模型的工作原理，了解如何通过提示词引导 AI 生成期望的输出。然后，为 AI 应用撰写精准的提示词，帮助提高 AI 模型的性能和用户体验。你可以通过自由职业平台或与 AI 公司合作，提供提示词撰写服务。这项工作需要对 AI 技术有一定的了解，同时也需要良好的语言组织能力。

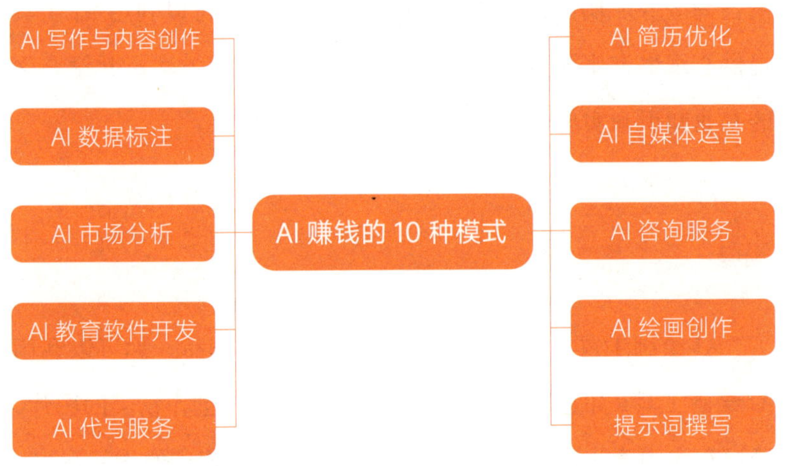

小希曾是一家知名企业的资深 HR，每天面对海量简历，她总能准确快速地筛选出合适的候选人。然而，高压的工作环境让她感到疲惫不堪，她渴望能有一份可以自由支配时间的工作。

后来，小希从朋友那里了解到 AI 简历优化服务的市场需求。她意识到，凭借自己多年的 HR 经验和对简历的深刻理解，完全可以利用这一技术在家提供专业的简历优化服务。

说干就干，小希开始深入研究 AI 简历优化工具，她选择了一款国内知名的 AI 软件进行学习和实践。她对自己的简历进行了优化尝试，结果令人惊喜——简历变得更加精炼，而且很快就有了职位邀约。

信心倍增的小希决定辞职，全身心投入到 AI 简历优化服务中。她在家中设立了一个小工作室，通过社交媒体和专业平台宣传自己的服务。凭借着专业的 HR 背景和 AI 技术的加持，小希的简历优化服务迅速获得了求职者的认可。

小希的服务不仅包括关键词优化和格式调整，还提供个性化的职业发展建议。她耐心地与每一位客户沟通，了解他们的职业目标和优势特长，然后利用 AI 工具为他们量身打造简历。

随着口碑的传播，小希的客户越来越多，收入也逐渐增加，甚至超过了之前的工作收入。更重要的是，她享受到了自由职业带来的时间和空间自由。

通过上述 10 种模式，我们完全可以利用 AI 技术在家赚钱。关键是要根据自己的兴趣和专长，选择合适的 AI 领域进行深耕。

各类热门 AI 工具汇总

从提升工作效率到创造全新的收入渠道，AI 工具正帮助我们打破传统工作模式的界限，开启在家赚钱的新途径。下面，就让我们一起来盘点一下市面上热门的 AI 工具，让它们来助你一臂之力。

 一、AI 写作与内容生成工具

（一）万彩 AI

这个工具就像是一个多功能写作助手，无论你需要写商业计划书、教学资料，还是广告文案，它都能协助你搞定。它的优势在于提供了丰富的写作模板，覆盖了多个领域，让你快速上手，节省时间。

（二）火山写作

如果你经常需要用英语写作，比如学术论文或者工作报告，

这个工具就非常实用。它能帮你检查语法错误，提供写作风格建议，让你的英语写作更加流畅、准确、优美。

（三）悉语

对于开网店的朋友来说，这个工具简直就是福音。它可以根据你的商品信息自动生成吸引人的商品描述，让你的网店看起来更专业，提高顾客的购买欲望。

（四）知乎知海图 AI

如果你经常在知乎等平台上发表文章，这个工具可以帮助你找到热门话题，生成吸引人的标题和内容，让你的文章更容易获得关注和点赞。

（五）百度 AI 写作

这个工具的特点是拥有一个庞大的语料库，可以帮你快速生成各种类型的文章，从新闻报道到小说故事，都能轻松应对。

二、AI 图像与视频工具

（一）文心一格

如果你喜欢画画，但又不是专业的画家，这个工具可以帮助你快速生成各种风格的画作，比如国画、油画、水彩画等，让你的创作更有艺术感。

（二）一帧秒创

这个工具特别适合喜欢写博客或者做视频的朋友。它可以把你的文章自动转换成视频，你只需要提供文字和图片，它就能帮你生成一个精美的视频。

（三）腾讯智影

如果你想要制作一些专业的视频内容，比如企业宣传片或者产品介绍视频，这个工具可以帮到你。它提供了文本配音、数字人播报等功能，让你的视频看起来更专业。

（四）美图 AI 绘画

美图秀秀大家都很熟悉，它的 AI 绘画工具同样强大。你可以用它来美化照片，或者创作一些有个性的艺术作品，然后分享到社交媒体上，吸引更多的粉丝。

（五）阿里巴巴鹿班

如果你是开网店的，这个工具可以帮助你快速制作出吸引人的商品图片，提高你的商品在平台上的竞争力。

三、AI 办公自动化工具

（一）美图 AI PPT

制作 PPT 一直让很多人头疼，但这个工具可以帮你解决这个问题。你只需要输入自己的想法，它就能帮你生成精美的

PPT，为你节省大量的时间和精力。

（二）酷表 ChatExcel

处理 Excel 表格数据往往需要专业的知识和技巧，这个工具让这个过程变得非常简单。你只需要像聊天一样告诉它你的需求，它就能帮你完成复杂的数据处理。

（三）搜狗 AI 助手

这个工具提供了语音输入、翻译等功能，特别适合需要多语言办公的朋友。它的语音识别准确率很高，可以大大提高你的工作效率。

（四）金山 WPS AI

这个工具集成了多种 AI 功能，比如文本生成、润色改写等，可以满足你在文档处理、数据分析等多方面的需求，是一个一站式的智能办公助手。

四、AI 工具聚合平台

（一）华为云 ModelArts

如果你是一个 AI 开发者或者需要进行大规模的 AI 模型开发，这个平台可以提供强大的计算能力和丰富的开发工具，帮助你快速开发和部署 AI 模型。

（二）讯飞 AI 开放平台

科大讯飞是中国领先的语音技术公司，它的 AI 开放平台提供了语音识别、语音合成等多种语音相关的 AI 服务，非常适合需要语音交互功能的应用。

（三）百度 AI 开放平台

百度是中国 AI 技术的领军企业，它的 AI 开放平台提供了包括语音、图像、自然语言处理等在内的多种 AI 服务，稳定性和可靠性都非常出色。

（四）腾讯 AI 开放平台

腾讯是中国最大的互联网公司之一，它的 AI 开放平台集成了腾讯的多种 AI 技术，如人脸识别、语音识别等，特别适合社交、游戏等场景的应用。

以上就是目前国内市场上一些主流的 AI 工具。它们各有特色，但共同点在于都能帮助我们提高工作效率，创造新的价值。对于想要在家赚钱的朋友来说，这些工具无疑是你的好帮手。无论是写作、设计、视频制作还是数据分析，其中都有合适的 AI 工具助你成功。

希望这些介绍能够帮助你更好地了解和利用这些 AI 工具，让你在家赚钱之路更加顺畅。

超级个体：你的技能，就是金钱

第八章

你习以为常的技能，是一座金矿

知道吗？你的技能，无论是烹饪、园艺、编程，还是写作，都可以通过知识付费的方式转化为金钱。那么，什么是知识付费呢？简单来说，就是把你的专业知识、技能或者经验打包，通过互联网平台向需要这些知识的人提供服务，然后收取一定的费用。

 一、知识付费的魔力

知识付费之所以有魔力，是因为它打破了传统教育和培训的界限。你不需要拥有一个教室，也不需要拥有一个庞大的机构，只需要一台电脑或者一台手机，就可以开始你的知识付费之旅。而且，你的学生可以是任何人，你的课堂可以在任何地方、任何时间开讲。知识付费有四大特点。

（一）灵活性

知识付费模式具有极大的灵活性。你可以根据自己的时间安排来录制课程或进行在线教学，而学习者也可以在任何方便的时间学习，不受地域限制。

（二）个性化

你可以根据自己的专长和兴趣，设计个性化的课程内容，满足不同学习者的需求。这种个性化的课程往往更能吸引特定的学习群体，提高学习效果。

（三）互动性

通过互联网平台，你可以与学生进行实时互动，解答他们的疑问，提供更加个性化的教学体验。这种互动性是传统教育模式难以实现的。

（四）可扩展性

一旦你的内容制作完成，就可以被无数人购买和学习，你的知识和技能可以无限扩展，触及更广泛的受众。这种可扩展性使得知识付费成为一种极具潜力的收入来源。

二、哪些技能可以做知识付费

几乎任何技能都可以做知识付费，关键在于你如何包装和营销你的技能。

（一）专业技能

如果你是某个领域的专家，比如编程、财务规划、市场营销等，你可以创建专业课程，帮助他人提升专业技能水平或通过相关资格认证。

1. 编程课程：从基础的语法教学到复杂的项目开发，教授不同编程语言的基础知识和高级应用。

2. 财务规划：提供个人理财、投资策略和退休规划的指导，帮助人们实现财务自由。

3. 市场营销：分享市场分析、品牌建设和数字营销的策略，帮助企业提升市场竞争力。

（二）生活技能

日常生活中的技能同样有很高的需求，许多人愿意为了提高生活质量而付费学习。

1. 烹饪技巧：教授各种菜系的烹饪方法，从家常菜到高级料理，满足不同人群的口味需求。

2. 烘焙艺术：从基础的蛋糕制作到复杂的甜点装饰，提供全方位的烘焙教程。

3. 手工艺：如编织、陶艺、木工等传统手工艺技能，满足人们对手工艺品的喜爱和个性化需求。

（三）兴趣爱好

将你的爱好转化为教学内容，与他人分享乐趣的同时，也能获得收益。

1. 摄影：从基础知识到高级摄影技巧，教授如何拍出专业级的照片，提高审美和拍摄技术。

2. 绘画：提供不同绘画技巧的教程，如素描、水彩、油画等，帮助学习者提高绘画技巧。

3. 乐器演奏：教授钢琴、吉他、小提琴等乐器的演奏技巧，满足人们对音乐学习的渴望。

（四）健康与健身

随着健康意识的提高，健身和营养相关的知识也越来越受到人们的重视。

1. 瑜伽：提供不同种类的瑜伽教程，帮助人们提高身体柔韧性和平衡性，达到身心和谐。

2. 健身指导：制定个性化的健身计划，教授正确的锻炼方法，帮助人们塑造健康的体魄。

3. 营养搭配：教授如何制作营养均衡的餐食，分享健康饮食的理念，提高生活质量。

（五）语言学习

语言技能是全球通用的，掌握一门或多门语言可以为职业发展加分。

1. 英语：提供从基础会话到商务英语的全方位教学，帮助学习者提高英语应用能力。

2. 小语种：如日语、法语、德语等，满足不同学习者对不同语言的需求，为国际交流提供便利。

（六）个人发展

个人发展相关的技能对于职业成长至关重要。

1. 时间管理：教授如何高效利用时间，提高工作和生活效率，实现目标。

2. 公共演讲：教授如何提高演讲技巧，增强沟通能力，提升个人魅力。

3. 领导力培训：培养领导力，教授团队管理和决策制定的技能，为职业发展打下坚实基础。

（七）投资理财

理财知识对于实现个人财务自由非常重要。

1. 股票投资：分享股票市场的基础知识和投资策略，帮助学习者理性投资，实现资产增值。

2. 基金理财：教授如何选择和配置基金，实现资产的长期稳定增长。

3. 房地产投资：提供房地产市场分析和投资技巧，帮助学习者把握投资机会，实现财富积累。

何京京，一位在家工作的自由职业者，一直追求着将个人兴趣与职业发展相结合的生活方式。尽管他的日常安排充满了各种项目和任务，但他内心总觉得缺少了一种成就感。何京京对公共演讲的热情始终如一，他发现自己在与人沟通时总能吸引听众的注意力，朋友们也经常向他请教如何提高表达能力，这激发了他的灵感："为什么我不能把我的口才技能教给别人呢？"他开始认真思考如何将自己的想法转化为现实。

首先，他对自己的口才技能进行了系统的梳理，确定了课程大纲，包括基础的语言表达、肢体语言、情绪控制等多个模块。他利用业余时间精心制作了一套课程，包括视频讲座、实战演练和互动问答等多种形式。

其次，他在多个在线教育平台上注册了账号，将课程上传并设置了合理的价格。他还通过社交媒体和博客分享了一些免费的教学视频和演讲技巧，吸引了一批感兴趣的学生。

但是，何京京的课程并没有引起太大的关注，但他并没有气馁。他坚持更新内容，耐心回答学生的问题，逐渐建立起了良好的口碑。几个月后，他的课程开始受到欢迎，学生数量稳步增加。

何京京发现，通过教学，自己对演讲的理解更加深刻了。他意识到，教是最好的学，通过教授他人，自己也在不断进步。

最后，随着课程越来越受欢迎，何京京的收入也逐渐增加。他开始考虑是否要全身心投入到口才教育中。他的梦想是成为一名专业的演讲教练，帮助更多的人提高沟通能力，实现自我价值。

通过将个人技能和知识转化为在线课程或服务，我们在帮助他人成长的同时，也能实现自我价值的增长。每个人的知识和经验都是独一无二的，都值得被分享和尊重。因此，不要低估自己的潜力，勇敢地迈出第一步，将你的专长展现出来，同时用它来赚取财富。

将个人技能变为赚钱的产品

知识付费的兴起，为我们提供了一个展示自身技能、实现个人价值的绝佳机会。那么我们的专业知识或技能都可以制作成哪些产品，又该如何制作呢？

一、知识付费产品分类

（一）问答咨询产品

问答咨询就是你用自己的专业知识来帮助别人解决问题，然后收取一定的费用。比如，你擅长解决心理问题或者提供职业发展的建议，就可以在网上设定一个咨询服务，别人付钱后就可以向你提问，你来给出专业的答复。知乎上就设有“付费咨询”模块。这种方式的好处是可以和有需求的人直接交流，帮助他们的同时，自己也能获得收入。

（二）专业文章

写文章是展示你专业知识的好方法。你可以通过写作，把你知道的东西通过文章的形式分享出来，然后放到网上卖。你可以给一些专业杂志或者网站投稿，也可以在自己的博客或者公众号上发表，通过文章中的广告或者读者的打赏来赚钱。比如，如果你对编程、设计或者营销有深入的了解，就可以写一些教程或者文章分析，帮助别人学习，同时也能通过文章获得收益。

（三）视频教程

视频教程就是把你的知识或者技能通过视频的形式传授给别人。比如，你可以制作一些学习语言、乐器演奏或者如何使用某个软件的视频，然后上传到 B 站、优酷或者腾讯视频等平台上。如果你的视频质量高，有价值，就可以设置成付费观看，别人想看就得先付钱。这种方式适合那些喜欢通过视频学习的人，而且视频可以反复观看，所以也是一种很好的知识付费方式。你也可以利用短视频平台，如抖音、小红书等，制作一些简短的教学视频，或者长视频的节选，来吸引粉丝，再引流到长视频或系统课程平台上。

（四）在线课程

在线课程就是把你要教的内容系统地整理成一系列的课程，然后放到网上卖。这些课程可以包括视频、音频或者文档，还可以设置一些互动环节，比如在线测试或讨论区。一些大学的教授会在网易云课堂上开课，学生付了钱就可以学习这些课程，还能获得官方的认证。这种方式适合那些想要系统学习某个领域知识的人。

（五）创意服务

创意服务就是把你的创意才能变成可以售卖的产品或者服务。比如，广告设计、活动策划或者产品设计等。你可以通过自己的网站、社交媒体或者一些专业的服务平台来展示你的作品，吸引客户。比如，一些设计师会在国内的设计社区如站酷展示自己的设计作品，然后为客户提供专业的设计服务。

二、实施步骤

（一）确定你的专业领域

你要清楚自己最擅长的是什么，是健康知识、教育知识、技术知识还是其他领域的知识。你要对自己有一个全面且深入的了解。

（二）市场调研

了解市场上哪些知识或技能需求高，人们愿意为哪些知识付费。这需要你做一些市场调研，比如查看相关论坛、社交媒体上的讨论，了解人们的痛点和需求。

（三）内容创作

根据你的专业领域和市场需求，开始创作内容，比如回答专业问题、撰写文章、制作视频等。在创作内容时，要确保内容的质量和实用性，真正解决用户的问题。

（四）选择合适的平台

根据你的内容形式，选择合适的平台进行发布。比如，文字内容可以选择公众号、简书；视频内容可以选择 B 站、抖音。选择平台时，要深入了解平台的用户群体、流量大小、内容分发机制等因素。

（五）定价策略

如果你的内容是付费的，就需要根据内容的价值和市场行情来设置合理的价格。定价时要考虑到内容的成本、用户的支付意愿、竞争对手的定价等因素。

（六）内容推广

利用社交媒体、朋友圈、相关论坛等渠道，推广你的内容，吸引更多的关注。在推广时，要注重内容的标题、封面的设计，这有利于点击率和转化率的提高。

（七）用户互动

与用户保持互动，回答他们的问题，收集反馈，不断优化你的内容。在互动时，要真诚、耐心，让用户感受到你的专业和用心。

（八）持续更新

定期更新内容，保持知识的新鲜度和专业性，建立长期的用户关系。在更新内容时，要注重内容的创新和多样性，避免重复和单调。

（九）提供优质服务

确保你的咨询服务、文章或视频教程等产品能够提供真正的价值，满足用户的需求。在提供服务时，要注重用户体验，为用户提供个性化、差异化的服务。

（十）展示成功案例

收集和展示你的成功案例和用户评价，增加潜在用户的信任感。在展示成功案例时，要真实、具体，避免夸大和虚假。

小镇青年小元在研究生阶段专攻心理学，她对这个领域有着深厚的兴趣和扎实的专业知识。然而，毕业后，由于父母身体欠佳，她决定放弃留在大城市的机会，回到家乡陪伴家人。

回到小镇后，小元发现这里的工作机会并不多，尤其是与她所学的心理学专业对口的工作更是寥寥无几。她不愿意让自己的专业知识白白浪费，于是开始思考如何在家中找到一种既能照顾家人又能发挥自己专长的方式。

就在这时，小元接触到了知乎这个知识分享平台。她发现，有许多人在这里寻求心理方面的帮助，而她的专业知识正好能够派上用场。于是，她决定在知乎上开设一个心理学问答专栏，用自己的专业知识为网友们解答疑惑。

小元非常用心地经营着自己的问答专栏。她每天都会花费大量时间浏览问题，挑选出那些真正需要心理学专业解答的问题进行回答。她不仅提供准确的答案，还提供个性化的建议和指导。她的回答专业而温暖，很快就赢得了网友们的一致好评。

随着问答专栏的火爆，小元发现很多人对她的专业知识非常感兴趣，希望能够得到更加深入和个性化的帮助。于是，她决定在知乎上开设付费咨询。她制定了详细的咨询流程，承诺会为每一位咨询者提供高质量的一对一服务。

在付费咨询中，小元更加用心地倾听每一位咨询者的问题和困惑。她会根据每个人的情况制定个性化的咨询方案，帮助他们走出心理的困境。她的咨询不仅解决了咨询者的问题，而且让他们感受到了温暖和关怀。

随着小元的咨询预约量不断攀升，她也因此获得了可观的收入，再加上小镇生活开销很少，小元觉得自己的工作和生活比在大城市轻松多了。

在这个信息时代，我们需要的不再是空泛的知识，而是真正有价值、有深度的内容。因此，将个人技能转化为知识付费产品，既是对自身能力的挑战，也是对市场需求的精准把握。

知识付费的五种商业模式与营销策略

有了产品，还要知道怎样卖掉它，更重要的是怎样卖得好。接下来，我们将从商业和营销的角度出发，详细解析知识付费的五种商业模式，并结合有效的营销策略，帮助你将专业知识和技能转化为可持续的收入来源。

一、知识付费的五种商业模式

（一）订阅模式

这是一种持续收入的模式，用户需支付固定的周期性费用，比如每月或每年，以获取你提供的内容或服务。这种模式适用于那些能够定期产出高质量内容的个体。例如，你可以创建一个专业博客，提供行业深度分析，或者制作一系列教学视频，教授特定技能。订阅模式需要你持续提供价值，确保用户愿意持续续费。

（二）付费内容模式

这种模式下，你可将特定的知识内容打包出售，如电子书、音频课程、视频教程等，用户支付一次性费用，即可获得这些内容。这种方式适合那些有特定知识或技能，能够制作出系统化教学资源的个体。例如，你可以编写一本关于编程的专业书籍，或者制作一系列瑜伽教学视频。

（三）付费会员模式

这是订阅模式的延伸，除了提供常规内容外，还须提供额外的会员专属服务，如一对一咨询、专属社群、会员专属活动等。这种模式能够提升粉丝的忠诚度和满意度，适合那些能够提供深度服务和建立紧密粉丝关系的个体。例如，你可以为健身爱好者提供个性化的健身指导和饮食建议。

（四）付费活动模式

通过组织线上或线下的付费活动，如研讨会、工作坊、讲座等，向参与者收取费用。这种方式适合那些善于演讲、有较强互动能力和影响力的个体。例如，你可以举办一场关于个人品牌建设的线下研讨会，吸引对个人发展感兴趣的专业人士参加。

（五）广告收入模式

当你的平台或个人品牌吸引了大量用户和关注者后，你可以通过出售广告位或进行品牌合作来获得收入。这种方式需要你具备较高的用户活跃度和品牌影响力。例如，你的博客或视频账号可以吸引相关行业的广告商投放广告，或者与品牌合作进行产品推广。

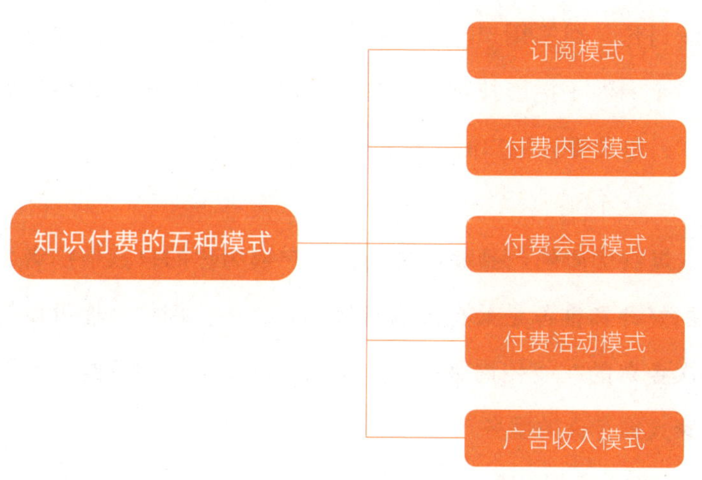

二、知识付费的营销策略

（一）内容营销

内容是吸引用户的核心。开始阶段你需要提供高质量的免费内容，展示你的专业知识和技能，吸引用户关注。例如，你可以在博客上发布关于个人理财的免费文章，吸引对财务自由感兴趣的读者。通过内容营销，你可以建立权威性，增加用户对你的信任，从而引导他们购买付费内容。

（二）社群营销

建立自己的社群，如微信群、QQ 群等，可以增强与用户的联系，提高用户的忠诚度。在社群中，你可以分享独家内容，组织讨论，回答用户问题，提供个性化服务。例如，你可以创建一个专注于摄影技巧的社群，定期分享拍摄技巧和后期处理技术，以此提升用户的摄影技能。

（三）口碑营销

提供优质的产品和服务，让用户成为你的自然推广者。用户的好评和推荐是最有效的营销方式之一。例如，你可以提供一次免费的在线咨询服务，如果用户满意，他们可能会向朋友和家人推荐你的服务。

（四）合作营销

与其他知识付费平台或个人合作，通过互推、联合举办活动等方式，扩大你的知名度。例如，你可以与一个专注于健康饮食的博主合作，共同举办一场关于健康生活的线上研讨会，吸引双方的粉丝参与。

（五）精准营销

利用数据分析工具，了解用户的需求和喜好，提供精准的内容和服务。例如，你可以通过社交媒体分析工具，了解用户对哪些类型的内容更感兴趣，然后调整你的内容策略，提高用户的参与度和转化率。

李梅曾是一位在健身房挥汗如雨的健身教练，同时也是拥有营养师资格的专家。她以专业的瘦身知识和丰富的实践经验，帮助无数人成功塑造理想身材。然而，她发现仅仅依靠在健身房的工作，收入并不足以支撑她对瘦身事业的热爱和追求。于是，她决定利用自己的专业知识和短视频平台，开创一条新的道路。

李梅在短视频平台上创建了自己的账号，将自己的健身技巧和营养知识，以及丰富的瘦身经验，通过短视频的形式分享给广大网友。每一个视频都精心制作，从饮食搭配到运动方法，从瘦身原理到心理调适，无不透露出李梅的专业与用心。

为了吸引更多的粉丝，李梅还推出了付费会员模式。成为她的会员，可以观看所有独家瘦身视频，享受一对一的咨询服务和个性化的瘦身计划。李梅会根据会员的身体状况和需求，量身定制适合他们的饮食和运动方案，帮助他们更有效地达到瘦身目标。

为了推广自己的会员服务，李梅在短视频平台上发布了一系列吸引人的内容。她展示了会员惊人的瘦身效果，吸引了大量对瘦身感兴趣的粉丝关注她的账号。同时，她还与其他瘦身领域的专家合作，共同制作短视频和直播，扩大了自己的影响力。

此外，李梅还利用自己的营养师资格，为会员提供个性化的饮食建议。她会根据会员的身体状况和瘦身需求，制定科学的饮食计划，帮助他们通过合理的饮食搭配达到瘦身效果。这一服务深受会员们的喜爱和好评。

通过付费会员模式，李梅成功地将自己的专业知识和技能转化成了可持续的收入来源，实现了事业的飞跃发展。

知识付费的商业模式和营销策略是相辅相成的，它们共同勾画了你的商业蓝图。现在，你已经掌握了如何将专业知识和技能转化为收益的策略，是时候开始实践了，让你的智慧和专业成为财富增长的强大引擎。

打造你的个人品牌，让财富不断升值

在知识付费的领域里，个人品牌就像是你的名片，它代表着你的专业形象和市场价值。打造一个强有力的个人品牌，不仅能提升你的知名度，还能让你的知识和技能更有价值。那么怎样打造个人品牌呢？

一、明确个人定位

个人品牌定位是个人品牌建设的起点。在这个步骤中，你需要深入分析自己的专业技能、教育背景、行业经验以及个人价值观。这些因素共同构成了你个人品牌的核心。如果你是一名拥有十年编程经验的软件工程师，你可以考虑将自己定位为“资深编程实战专家”，专注于分享编程实战技巧和行业洞见。此外，你还需要识别你的目标受众，了解他们的需求和兴趣点，这样你才能更精准地提供他们感兴趣的内容。你可以通过问卷调查、社交媒体互动和市场分析来了解你的潜在受众。

二、建立独特的品牌形象

品牌形象是个人品牌的视觉表达，它包括你的logo、色彩方案、设计风格以及传达的价值观。一个独特且一致的品牌形象可以帮助你在受众心目中建立信任和记忆。如果你是一名专注于健康生活方式的知识付费导师，你可以选择绿色和白色作为你的品牌主色调，以此来传达健康和纯净的感觉。同时，设计一个简洁而富有创意的logo，可以是你名字首字母的缩写，也可以是一个与你的教育理念相关的图形。此外，确保你的品牌形象在所有渠道上保持一致，无论是社交媒体、个人网站，还是线下活动。

三、提升辨识度和专业度

在知识付费领域，个人品牌的辨识度和专业度是吸引和保留粉丝的关键。你需要通过高质量的内容和服务来展示你的专业知识和专业能力。如果你可以创建一系列深度文章，将你在编程领域的最新研究成果和实践经验分享出来。同时，你也可以通过在线研讨会、工作坊或一对一咨询服务，提供更加个性化和深入的学习体验。此外，积极参与行业会议和研讨会，不仅可以提升你的专业度，还可以扩大你的专业网络。

四、讲好你的故事

个人故事是建立情感联系和增强品牌吸引力的重要工具。通过分享你的个人经历，包括你的起点、挑战、成就和转折点，你可以让受众感受到你的真实和可信。你的故事应该突出你的价值观、信念和动机，让人们了解是什么驱动你不断前进。例如，你可以讲述自己是如何从一名普通教师成长为教育领域专家的，以及在这个过程中你是如何帮助学生实现他们目标的。这些故事你可以在你的社交媒体帖子、博客文章或视频内容中进行分享。

五、持续输出高质量内容

内容是知识付费的核心。你需要定期创作和发布与你的专业领域相关的内容，这些内容可以是文章、视频、在线课程或者播客。你要确保你的内容不仅具有教育性，还要能够激发受众的兴趣和参与。例如，你可以创建一系列关于编程学习的教程视频，教授编程技能，分享编程背后的思维模式和解决问题的方法。此外，你还可以邀请行业内的专家参与，提供更多元化的视角。

六、找到引爆点

找到并利用个人品牌的引爆点可以迅速提升你的知名度和影响力。这个引爆点可以是一个独特的教学方法、一个有深度的行业分析报告，或者是一个引起广泛关注的在线研讨会。例如，你可以开发一个针对初学者的免费编程课程，通过这个课程展示你的教学风格和专业知识，吸引学生进一步了解你的其他付费课程。同时，利用社交媒体广告和合作伙伴关系来推广你的引爆点，这样可以进一步扩大你的影响力。

七、口号定位

用一句话口号来概括你的个人品牌定位，可以帮助你清晰地传达自己的核心价值和专业优势。这句话应该简洁、有力，能够迅速吸引目标受众的注意。例如，你可以将自己的口号定为“专业编程导师，让复杂代码变得简单易懂”。这句话不仅传达了你的专业知识，还突出了你的教学理念，又让编程学习变得更加容易和有趣。通过这样的一句话定位，你可以更容易地给潜在客户留下深刻印象。

吕岩是一名普通的软件工程师，在IT行业摸爬滚打多年后，决定投身于知识付费领域，利用自己的专业知识和经验，为更多想要学习编程的人提供帮助。他深知，在这个领域里，个人品牌的重要性不言而喻，于是他开始精心打造个人品牌。

首先，吕岩明确了自己的个人定位。他拥有十年的编程经验，精通多种编程语言，对软件开发流程有着深入的理解。同时，他还时刻关注行业动态，紧跟技术潮流。基于这些优势，他将自己定位为“资深编程实战专家”，专注于为初学者和进阶者提供实用的编程技巧和行业洞见。

其次，吕岩为了提升辨识度和专业度，他不断输出高质量的内容。他创建了一系列深度文章和视频教程，分享自己在编程领域的实战经验和心得。同时，他还开设了在线研讨会和工作坊，为学员提供更加个性化和深入的学习体验。这些举措让他赢得了众多粉丝的认可，在行业内树立了良好的口碑。他还经常在社交媒体上分享自己的成长经历，从一名普通工程师到资深专家的转变过程，以及在这个过程中如何克服困难和挑战。这些真实的故事让人们感受到了他的努力和坚持，也让他的个人品牌更加具有吸引力。

最后，吕岩在持续输出高质量内容的同时，他还找到了自己的引爆点。他开发了一套针对初学者的免费编程入门课程，通过这门课程吸引了大量潜在学员的关注。他利用社交媒体广告和合作伙伴关系进行推广，让更多的人了解到了他的课程和个人品牌。

个人品牌就像是一棵树苗，需要你不断地浇水、施肥，它才能茁壮成长，结出丰硕的果实。通过上述步骤，你可以在知识付费的领域中建立起自己的个人品牌，让你的专业知识和技能更好地得到市场认可，实现财富的不断增值。

培养财富思维与安全意识

第九章

拓展整合资源，建立业务矩阵

在家赚钱的模式多种多样，但要想实现持续稳定的收入，就需要你像搭建积木一样，一块块地构建起自己的业务矩阵。那么，如何建立业务矩阵呢？

一、盘点现有资源

在家赚钱，需要你对自己手头上的资源做到心里有数。有些资源可能是显而易见的，有些则可能是隐藏的，这都需要你仔细挖掘。

（一）技能与知识

评估你的专业技能和知识水平。比如，如果你是一名程序员，你的编程技能就是你的资源。

（二）人脉资源

你的家人、朋友、同事、行业内的联系人都是你的人脉资源。

他们可能为你提供信息、建议或者合作机会。

（三）财务资源

查看你的储蓄、投资和任何可用的信贷资源。这些资金可以作为你的启动资金或应急资金。

（四）网络平台

如果你有任何形式的线上身份，比如社交媒体账号、博客或者网店，这些都是宝贵的资源。

（五）实体资源

你家中有可以用于办公的空间，或者是可以用于销售或租赁的物品，这些都是实体资源。

二、确定业务方向

一旦你清楚了自己的资源，接下来就是确定业务方向。这需要你结合个人兴趣和市场需求来决定。

（一）市场需求分析

研究市场趋势，找出目前流行的产品和服务。你可以通过网络搜索、阅读行业报告、参加行业会议来获取信息。

（二）个人优势定位

根据你的资源，确定你在哪些领域中具有优势。比如，如果你擅长写作，可以考虑从事内容创作或文案写作。

（三）竞争分析

了解你的潜在竞争对手。他们提供了什么？他们的价格如何？你如何能够提供更好的服务或产品？

三、构建业务单元

业务单元是业务矩阵的组成部分，每个单元都应该是可执行的、有明确目标的。

（一）产品或服务开发

根据你的业务方向，开发具体的产品或服务。这可能需要你进行市场调研，了解客户需求，设计原型，测试市场反应。

（二）成本效益分析

对于每个业务单元，你都需要进行成本效益分析。这包括直接成本（如材料、人工）和间接成本（如时间、精力）。

（三）市场定位

确定你的产品或服务的目标市场。这涉及定价策略、推广方式和客户关系管理。

（四）品牌建设

为你的业务单元建立一个吸引人的品牌形象，包括设计一个标志、选择品牌色彩、制定口号等。

四、整合资源，形成矩阵

业务矩阵的构建是将不同的业务单元有机地结合起来，形成一个整体。

（一）资源共享

找出不同业务单元之间的资源共享点。比如，你的社交媒体账号可以用于推广不同的产品和服务。

（二）协同效应

设计业务单元之间的相互支持和促进机制。比如，一个成功的产品设计可以用于多个不同的市场推广活动。

（三）风险分散

确保你的业务单元足够多样化，以分散风险。不要将所有的鸡蛋放在一个篮子里。

（四）收入流整合

将不同业务单元的收入流整合起来，形成稳定的收入结构，这就需要建立一个统一的财务管理系统。

五、持续优化，动态调整

市场是不断变化的，因此你的业务矩阵也需要不断地进行优化和调整。

（一）市场反馈收集

定期收集市场和客户的反馈信息。这可以通过在线调查、客户评价、销售数据等方式进行。

（二）业务单元评估

对每个业务单元的效益进行定期评估，包括收入、利润、客户满意度等指标。

（三）策略调整

根据市场变化和业务单元的效益情况，及时调整策略，比如增加或减少某些业务单元，或者改变市场定位等。

（四）创新激励

积极进行思维创新，不断寻找新的业务机会，比如投资新技术、尝试新的市场策略或开发新产品等。

六、建立合作网络

合作网络是业务矩阵的重要组成部分，它可以带来额外的资源和机会。

（一）寻找合作伙伴

与能够互补资源的个人或企业建立合作关系。比如，你可以与供应商建立合作关系，共同开发新产品。

（二）建立联盟

加入行业协会或组织，参与合作项目，使自己能够获得更多的信息和资源。

（三）共享资源

与合作伙伴共享资源，如市场信息、技术知识等，从而降低成本，提高效率。

（四）互惠互利

要确保合作中的各方都能获益，这就需要明确的合作协议和公平的利益分配机制。

小琦坐在家中的工作室里，审视着自己作为自由设计师的职业生涯。尽管他已经积累了丰富的设计经验，但经手的业务一直都很零散，收入有波动、不稳定。小琦知道，他必须整合手头的资源，构建一个更加稳固和多元化的业务矩阵。

小琦开始盘点自己的资源：精湛的设计技能、一台先进的电脑设备、一个虽小但忠实的本地客户群，以及一个颇具活力的社交媒体平台。他意识到，要想扩大业务范围，就必须充分利用这些已有的资源。

他决定从自己最擅长的平面设计着手，为本地的中小企业提供专业的品牌设计服务。小琦通过打造一个展示自己作品集的个人网站，并在社交媒体上积极推广，很快便吸引了一批新客户。他不仅提供设计服务，还为客户提供营销建议，帮助他们提升品牌影响力。

随着业务量的增加，小琦开始思考如何更高效地整合资源。他发现客户除了需要设计服务外，还常常寻求网站开发和文案创作等配套服务。于是，小琦利用自己的人脉资源，与几位擅长相关业务的朋友建立了合作关系。他们组建了一个虚拟设计工作室，提供全面的网络品牌解决方案。

为了扩大业务范围，小琦还开始在社交媒体上定期分享设计技巧和行业动态，逐渐构建起自己的专业形象和影响力。他的社交媒体账号成了吸引新客户的重要渠道，同时也为现有客户提供了增值服务。

时间证明了小琦的策略是成功的。他的设计工作室先是在本地市场赢得了口碑，随后逐渐拓展到了更广阔的市场。通过提供高质量的服务，小琦的设计工作室获得了客户的信赖和好评，形成了强大的品牌忠诚度。

通过上述步骤，你可以构建一个既稳定又具有成长潜力的业务矩阵。这个过程的关键在于持续地审视和调整你的业务结构，以适应不断变化的市场环境。同时，保持开放的心态，积极寻找新的合作伙伴和机会，这将有助于你的业务矩阵更加强大和多样化。

不断优化改进，持续收获财富

在家赚钱如同耕耘自己的一亩三分地，需要我们不断地翻土、播种、浇水、施肥，才能期待秋日的丰收。而想要持续收获财富，不断优化和改进我们的业务就显得尤为重要。接下来，我们就来聊聊如何通过不断优化改进自己的业务，让财富源源不断地流入我们的口袋。

一、了解你的业务

想要深入了解你的业务，就要像了解自家孩子一样，知道他的脾气、喜好。比如你在网上卖腊肉，就得清楚自家的腊肉比别家的香在哪里，是选材讲究还是古法熏制？你的客户是喜欢传统口味的中老年人，还是追求新奇的年轻吃货？这些你都得门儿清。怎样了解清楚呢？具体做法可以是：

（一）客户调研

在微信朋友圈内发起一个小调查，问问朋友们喜欢吃什么样的腊肉，对包装有什么建议。

（二）市场分析

上淘宝、京东看看同类产品的销量和评价，了解竞争对手的优势和不足。

（三）收集反馈

在商品页面设置一个“联系卖家”的按钮，鼓励买家提意见。

二、持续学习

时代变化快，这需要你不断学习。比如现在大家都在用抖音，你就要学习怎么在抖音上做短视频，怎么吸引粉丝。学习不一定非要花大价钱，网上有很多免费资源，关键是你要有学习的意识。具体可以这样做：

（一）挑选在线课程

在网易云课堂上找一些免费的视频制作课程，学习如何制作吸引人的短视频。

（二）关注行业资讯

关注相关的微信公众号，比如“短视频营销观察”，了解行业动态。

（三）技能提升

学习一些基础的视频剪辑技能，比如使用剪映软件。

三、优化服务

服务好，客户才会回头。你要像对待朋友一样对待客户，让他们感到贴心。比如你做在线教育，就要思考怎么让课程更有趣，怎么及时回答学生的问题。具体做法可以是：

（一）优化服务流程

设置一个简单的退课流程，让不满意的学生能够轻松退款。

（二）提供个性化体验

根据学生的学习进度，提供个性化的辅导。

（三）收集客户反馈

定期发邮件询问学生的学习情况，及时调整教学方法。

四、创新思维

不要因循守旧、一成不变，要敢于创新。比如你在网上卖衣服，可以试试设计一些符合年轻人审美的新款式，或者提供一些个性化定制服务。具体可以这样做：

（一）设计新产品

关注微博热搜，了解当下流行元素，设计一些新款式的衣服。

（二）开辟新市场

在小红书上开设账号，吸引年轻用户群体。

（三）建立新合作

和一些时尚博主合作，通过他们的推荐吸引粉丝。

五、效率提升

在家工作，效率很重要。而要做到这一点，就要掌握提高工作效率的方法。比如使用一些时间管理工具，合理安排工作和休息时间。具体做法可以是：

（一）时间管理

比如可以使用滴答清单来规划每天的工作任务，设置提醒等。

（二）任务自动化

比如可以使用邮件自动回复功能，以减少重复性工作。

六、成本控制

成本控制是提高利润的关键，所以要学会如何降低成本。比如，你可以通过批量采购原材料来降低成本，或者通过优化物流来减少运输成本。具体可以这样做：

（一）采购策略

在1688平台上寻找批发商，批量采购原材料。

（二）物流优化

和快递公司合作，争取更优惠的运费。

七、客户关系管理

客户关系管理是维护客户的重要手段，所以，需要建立一个客户关系管理系统，记录客户的信息和需求，并定期进行回访。具体做法可以是：

（一）使用客户关系管理系统

比如，可以使用腾讯EC客户关系管理系统，记录客户的购买历史和偏好。

（二）定期沟通

通过微信或短信，定期向客户发送节日祝福和新品上市信息。

八、数据分析

现在是大数据时代，所以，你要学会用数据说话。定期分析你的业务数据，比如销售额、客户满意度、市场趋势等，根据数据来调整业务策略。具体做法可以是：

（一）收集数据

使用百度统计来监控网站流量，了解客户行为。

（二）制作报告

定期制作销售报告，分析哪些产品最受欢迎。

九、灵活应变

因为市场变化快，所以我们的决策也要灵活应变。比如，遇到疫情这样的突发情况，线下生意做不了，就要及时转战线上。具体可以这样做：

（一）线上转型

在淘宝或京东上开设店铺，将线下产品搬到线上销售。

（二）产品调整

根据线上客户的特点，调整产品设计和包装。

十、持续改进

持续改进是业务成长的关键，要不断寻找改进的空间。比如，你的产品可以做得更好，你的服务可以更周到，你的营销策略可以更有效。具体做法可以是：

（一）质量监控

定期检查产品质量，确保符合标准。

（二）服务改进

收集客户反馈，不断优化服务流程。

乐乐是一位有着多年经验的手工定制服装设计师，她的工作室地处城市的一个安静的角落，专门为顾客提供个性化的服装设计和定制服务。然而，疫情的突然暴发让她的线下工作室面临前所未有的挑战。但是，面对空荡荡的街道、被迫关闭的店铺，乐乐并没有让自己的创意和热情随之沉寂。她知道，这或许是一次转型的机遇。

乐乐的转变始于社交媒体。她在微博和小红书上分享了自己的设计手稿、缝纫过程，甚至是客户的试穿体验。她的真诚和匠心吸引了一群忠实的粉丝，他们在评论区热烈讨论，甚至提出自己的定制需求。

随着线上互动的增多，乐乐意识到，她需要一个更直接的与客户沟通的方式。于是，她开设了抖音账号，通过直播展示服装的制作过程，与粉丝实时互动。在直播间里，乐乐一边展示手艺，一边讲述每件服装背后的灵感故事，这让她的工作室在网络上迅速走红。

为了更好地服务客户，乐乐开发了线上预约系统，客户可以在家中通过视频通话进行咨询和量身，这种便捷的服务赢得了客户的一致好评。同时，她在淘宝开设了官方旗舰店，将部分服装产品标准化，并提供线上购买服务，由此拓宽了销售渠道。

疫情逐渐得到控制，但乐乐并没有停下脚步。她继续在各大平台上发布高质量的内容，包括服装设计教程、时尚趋势分析等，逐渐建立起自己作为行业专家的形象。她的手工定制服装工作室不仅在疫情期间成功转型，更在疫情后迎来了新的发展机遇，成了一个线上线下结合、影响力不断扩大的时尚品牌。

通过这些具体的步骤，你可以系统地优化和改进你的业务，从而实现持续的财富增长。记住，每一步都需要你的细致考虑和持续努力，这样你才能在竞争激烈的市场中站稳脚跟、不断成长。

保持警惕之心，切莫贪小失大

在家赚钱，听起来像是你可以自由自在、随心所欲。但任何一条通往成功的道路，总是布满了各种陷阱和坑洼，你一不小心就可能踩进坑里，不仅赚不到钱，还可能赔了夫人又折兵。下面，我们就来聊聊如何保持谨慎，避免在家赚钱的过程中贪小失大。

一、识别陷阱，明辨是非

在家赚钱的诱惑太多，从网上兼职、微商、直播带货，到各种网络投资、理财课程，应有尽有。但其中也不乏一些以次充好、夸大其词的虚假信息。要想避免掉进这些陷阱里，首先要做的就是擦亮眼睛，学会识别真假。

（一）看口碑

在选择任何赚钱项目之前，先上网查查项目的口碑，看看网上的评价和反馈。如果负面评价太多，那就要小心了。

（二）查资质

对于需要投入资金的项目，一定要查看对方的资质和证书。比如，如果是网络投资，就要看对方是否有正规的金融牌照；如果是购买课程，就要看讲师是否具备相关的资质和经验。

（三）不轻信承诺

对于那些承诺“轻松月入过万”“零风险高回报”的项目，一定要保持警惕。要知道，天上不会掉馅饼，任何赚钱的项目都需要付出努力和时间。

二、谨慎投资，避免风险

在家赚钱，虽然会遇到各种投资机会，但只要是投资就都会有风险，所以，入市需谨慎。要想避免因为投资失误而损失惨重，就要做到以下几点：

（一）分散投资

不要把所有的钱都投入一个项目中，要学会分散投资，降低风险。

（二）了解项目

在投资之前，一定要了解清楚项目的背景、运营模式、盈利模式等，确保自己对项目有充分的了解。

（三）控制投入

根据自己的经济状况和风险承受能力，合理控制投入的资金量。不要盲目跟风，也不要被高收益的诱惑冲昏了头脑。

三、保护隐私，防范诈骗

在家赚钱，我们不可避免地要接触各种网络信息和人群。这其中，就隐藏着一些不法分子，他们利用各种手段进行诈骗，窃取个人信息。因此，保护好自己的隐私和财产安全至关重要。

（一）不轻易透露个人信息

在网络上，不要轻易透露自己的姓名、电话、地址等个人信息。特别是在一些不熟悉的网站和平台上，更要提高警惕。

（二）谨慎交易

在进行网络交易时，一定要选择正规的交易平台，并使用安全的支付方式。不要轻信陌生人的交易请求，更不要随意转账或汇款。

（三）安装防护软件

在电脑和手机上安装防护软件，定期更新和检查，以防范病毒和木马的攻击。

四、学会拒绝，避免诱惑

在家赚钱，我们会遇到各种各样的诱惑和机会。但并不是所有的机会都适合我们，也不是所有的诱惑都值得我们去追求。因此，我们要学会拒绝那些不适合自己的机会和诱惑。

（一）明确自己的目标和方向

在追求财富的过程中，我们要明确自己的目标和方向，不要盲目跟风或被别人的成功所迷惑。只有坚持自己的目标和方向，才能走得更远更稳。

（二）理性分析

对于每一个机会和诱惑，我们都要进行理性分析，评估其风险和收益。如果风险太大或收益太低，就要果断拒绝。

（三）保持清醒的头脑

在追求财富的过程中，我们要保持清醒的头脑和冷静的心态。不要被眼前的利益所迷惑，也不要被一时的冲动所左右。只有保持清醒的头脑和冷静的心态，才能做出正确的决策和选择。

在时尚潮流的推动下，网络“寄拍”成了许多穿搭博主展示自己风格并赚取报酬的热门方式。然而，在这股风潮中，一位年轻的穿搭博主小吴却遭遇了意想不到的骗局。

小吴是一个 20 岁的时尚爱好者，因其独特的穿搭风格在社交平台上小有名气。一天，她收到了一条来自某摄影工作室的私信，对方表示欣赏她的穿搭，并希望与她合作进行“寄拍”活动。面对这样的机会，小吴自然是满心欢喜，想到既能展示自己，又能赚取一定的报酬，何乐而不为呢?

双方很快达成了合作意向，并约定了详细的合作细节。然而，在合作过程中，这位所谓的摄影工作室老板陈某却以各种理由要求小吴支付额外费用，如培训费、保险费、护照办理费等。由于陈某言辞诚恳，且不时以转账截图为证明，小吴信以为真，多次转账给陈某。

然而，随着时间的推移，小吴发现自己应得的报酬却迟迟没有到账，而自己已经支付了数千元。这时，她开始怀疑陈某的真实意图。在多次要求见面或查看摄影工作室时，陈某都以各种理由推脱，这让小吴更加坚定了自己被骗的想法。

最终，小吴选择了报警。经过警方的调查，陈某的真实身份被揭穿。原来，他并不是什么摄影工作室的老板，而是一名外卖员，曾因犯罪被判刑。他利用“寄拍”这一新型骗局，一人分饰多角，虚构对话，骗取了小吴的信任和钱财。

这起案件提醒我们，在网络时代，要时刻保持警惕，不要轻易相信陌生人。同时，对于各种新型骗局，我们要时刻保持清醒的头脑，避免上当受骗。

在家赚钱虽然充满了无限的可能性，但也伴随着各种风险和挑战。只有保持警惕，明辨是非，谨慎投资，保护隐私，学会拒绝诱惑，我们才能在这个充满机遇和挑战的新领域中保护好自己，避免损失。

关注网络安全，守护你的财富

随着网络技术的飞速发展，越来越多的朋友选择在家通过网络平台赚钱。然而，网络世界并非一片净土，其中也隐藏着诸多风险。对于我们这些在家通过网络赚钱的人来说，网络安全不仅关乎我们的个人信息安全，更直接关系到我们的经济利益。一旦我们的账户被黑客攻击，个人信息泄露，或者资金被窃取，那将会给我们带来不可估量的损失。

一、防范网络诈骗

网络诈骗是网络安全中最为常见的一种风险。骗子们利用各种手段，如虚假广告、钓鱼网站、冒充客服等方式，诱骗我们泄露个人信息或者转账汇款。因此，我们要时刻保持警惕，不轻信陌生人的信息，不随意点击不明链接，不向陌生人转账汇款。同时，我们还要学会识别网络诈骗的常见手法，提高自己的防范意识。

二、加强账户安全管理

我们在网络上使用的各种账户，如银行账户、支付账户、社交账户等，都存储着我们的个人信息和资金。因此，加强账户安全管理至关重要。首先，我们要设置复杂且独特的密码，避免使用简单的数字组合或者个人信息作为密码。其次，我们要定期更换密码，降低账户被盗用的风险。此外，我们还可以启用账户的安全设置功能，如设置安全问题、绑定手机验证等，增加账户的安全性。

三、保护个人隐私

个人隐私是我们在网络世界中的一张名片。然而，有些不法分子会通过各种手段窃取我们的个人隐私信息，用于非法活动。因此，我们要时刻注意保护好自己的个人隐私。在注册账户时，不要填写过多的个人信息；在社交平台上，不要随意发布个人照片和动态；在公共场合使用 Wi-Fi 时，要注意选择安全可靠的网络环境。

四、注意软件安全

我们经常会在使用电脑或者手机时，下载各种软件。然而，有些软件可能携带病毒或者恶意程序，它们会窃取我们的个人信息或者破坏我们的系统。因此，我们要注意软件安全。在下载软件时，要选择正规渠道；在安装软件时，要仔细阅读软件的用户协议和隐私政策；在使用软件时，要定期更新软件版本并关闭不必要的权限。此外，我们还可以安装一些杀毒软件或者安全软件来增强我们的系统安全性。

五、培养网络安全意识

网络安全意识是我们防范网络安全风险的基础。只有当我们具备了足够的网络安全意识时，我们才能更好地保护自己的财富。因此，我们要时刻关注网络安全动态和新闻资讯；学习网络安全知识和技巧；参加网络安全培训和活动；与家人和朋友分享网络安全知识和经验。通过不断的学习和实践，我们就能逐渐提高自己的网络安全意识和能力。

某年五月起，某市警方陆续接到市民报案，称自己的手机 App 账号和密码被盗，报案人数不断增加。经过初步分析，这些案件都有一个共同的特点：受害者都曾在某知名网络交友App上点击过一个名为“交友软件盛典抽奖”的链接。

这个看似诱人的链接背后，隐藏着一个精心设计的陷阱。警方深入调查后发现，这个所谓的“盛典抽奖”实际上是一个伪造的网站，内含木马病毒。用户一旦点击，其手机就会中毒，个人信息、账号密码等敏感数据便会被不法分子悄无声息地窃取。

这个犯罪团伙的手法相当狡猾。他们利用人们的贪念，以丰厚的奖品为诱饵，引诱用户点击链接。同时，他们还通过拦截手机短信、获取短信验证码等方式，进一步修改用户的账号密码，使受害者无法及时发现异常。

随着调查的深入，警方发现这款交友软件的用户中，有超过两万人遭遇了类似的情况。这起案件涉及的受害者众多、范围广泛，给整个社会的网络安全带来了极大的威胁。

为了尽快破案，警方迅速成立了专案组，对案件展开全面调查。经过长时间的侦查，警方锁定了犯罪团伙的核心成员孔某。通过对孔某的审讯，警方进一步扩大了侦查范围，成功查明了其他六名同案犯的身份。

这个犯罪团伙分工明确，有人负责制作木马病毒和虚假网站，有人负责诱骗用户点击链接，还有人负责出售窃取的信息。他们在多个城市设有落脚点，形成了一个庞大的犯罪网络。

为了将这个犯罪团伙一网打尽，警方调集了精干警力，展开了一次秘密的抓捕行动。在一个深秋的夜晚，警方成功将其余六名团伙成员全部抓获。

网络安全是我们在家赚钱过程中不可忽视的一个重要问题。只有当我们关注了网络安全并采取了相应的防范措施时，我们才能更好地保护自己的财富。